DEMMLER VERLAG

Evemarie und Frank Löser

Heidelbeeren

Herkunft, Anwendungen und Rezepte

DEMMLER VERLAG

Bildnachweis:

Titelfoto: HL Photo, Fotolia.com
Rücktitelfotos: Dr. Frank Löser
Fotos und Abbildungen: Dr. Frank Löser, außer Seite 6: Prof. Dr. Otto Wilhelm Thomé aus: „Flora von Deutschland, Österreich und der Schweiz", Gera-Untermhaus 1885 S. 22 Migas (CC-BY-SA 3.0), S. 22 Gerhard Elsner (CC-BY-Sa 3.0), S. 35 Heidelbeertee, Bombastus-Werke AG, S. 37 Pierre Camateros (CC-BY-SA 3.0), S. 24 I.B.Navez (CC-BY-SA 3.0), S. 40 Katarzyna Matylla (CC-BY-SA-3.0), S. 68 Janine (CC BY 2.0), S. 68 Andreas Präfcke (CC BY 3.0), S. 69 Geolina163 (CC BY-SA 4.0), S. 71 Kobako (CC BY-SA 3.0), S. 98 Sven Wolter (CC BY-SA-3.0)
Alle anderen Fotos Dr. Frank Löser

Dieses Buch wurde sorgfältig erarbeitet. Alle Rezepte haben wir selber ausprobiert. Sie sind als machbare Beispiele zu verstehen. Die Autoren und der Verlag übernehmen keinerlei Haftung. Die für das Buch verwendeten Quellen können beim Verlag unter www.demmlerverlag.de eingesehen werden.

Impressum

An der Bäderstraße 7c
18311 Ribnitz-Damgarten
Tel.: 03821 / 706397
Fax.: 03821 / 708876
info@demmlerverlag.de
www.demmlerverlag.de

Grafische Gestaltung: Matthias Krempien, Grafikdesigner (HBFS)
Satz und Layout: Matthias Krempien, Grafikdesigner (HBFS)
Druck und Verarbeitung: DZA Druckerei zu Altenburg GmbH, Altenburg

1. Auflage 2015

ISBN 978-3-944102-12-2

Heidelbeere. **Preißelbeere.**

468. A. B. Vaccinium Myrtillus L. C. Vaccinium Vitis Idaea L.

Zum Geleit

Heidelbeeren kommen auf der gesamten nördlichen Halbkugel vor; sie werden seit Langem als Heilmittel geschätzt.
Waldheidelbeeren waren schon in der Jungsteinzeit ein begehrtes und nützliches Nahrungs- und Heilmittel für die umherziehenden Völker.
Die Äbtissin Hildegard von Bingen beschrieb als erste die Heilwirkung der Waldheidelbeere; die alten Griechen und Römer schätzten sie ebenfalls sehr. In der Küche und in der Volksheilkunde wurden die Beeren und Blätter seitdem vielseitig verwendet.
Uns sind die beliebten Hefeklöße mit Heidelbeeren in guter Kindheitserinnerung. Ebenso die vorausgegangenen mühsamen Sammelaktionen der gesamten Familie im Wald. Stolz wurden die ersten Sammelerfolge präsentiert und meist auch postwendend vernascht... ja, so war es.
Die reguläre Erntezeit beginnt im Juli und endet im Spätsommer. Selbst gepflückte oder gekaufte Heidelbeeren sind eine Bereicherung für die Ernährung und die Gesundheit.
Beide Heidelbeerarten, die als Obst angepflanzten Kulturheidelbeeren und die heimischen Waldheidelbeeren, unterscheiden sich im Geschmack und auch im Aussehen.
Heute gibt es die vielfältigsten Angebote – und selbst im Winter können wir frische Heidelbeeren essen.
Wir haben in diesem Buch Bekanntes und Neues über die Heidelbeeren zusammengetragen. Die Tipps zur Verwertung und die vielfältigen Rezepte möchten wir Ihnen, verehrte Leser, als Anregung zum Ausprobieren und Variieren empfehlen.
Wir wünschen Ihnen dazu allzeit gutes Gelingen und viel Spaß beim Ernten im Wald oder in einer der beliebten Plantagen.

Evemarie und Dr. Frank Löser
Göhren, im Februar 2015

Geschichte und Herkunft

Schon in der Jungsteinzeit, vor mehr als 50.000 Jahren, soll den nomadischen Menschen bekannt gewesen sein, dass die Heidelbeere nützlich für die Ernährung ist. Bereits 800 v. u. Z. wurde sie in Waldgebieten und auch Gärten für den Nahrungserwerb angebaut. Bei den alten Griechen und Römern wurde die Heilwirkung der Heidelbeere bei Darmerkrankungen geschätzt. Im Mittelalter war es die bekannte Äbtissin Hildegard von Bingen (1098–1179), die als Erste die Heilwirkung der Waldheidelbeere niederschrieb und selbst damit praktizierte. Sie verwendete getrocknete Früchte der Heidelbeere als Wundkompresse.

Die erste botanische Veröffentlichung über die Waldheidelbeere erfolgte 1753 durch Carl von Linné (1707–1778).

Gegen Ende des 19. Jahrhunderts waren es amerikanische Farmer, die Wildformen der Heidelbeeren in ihren Gärten anbauten. Allerdings ohne großen Erfolg, die Erträge waren zu gering und schwankten sehr.

Amerikanische Wissenschaftler wie Elizabeth Coleman White (1871–1954) und Frederick V. Coville (1867–1937) befassten sich mit der Auslese, Kultivierung und gezielten Züchtungen. 1923 wurde in den Niederlanden mit dem Anbau von Kulturheidelbeeren begonnen. In Deutschland war es der Botaniker Dr. Wilhelm Heermann, der die Züchtung von Kulturheidelbeeren in Grethem/Niedersachsen vorantrieb und in den 1930er-Jahren mit der Pflanzung erster Ertrags- und Zuchtanlagen begann.

Die Anzucht ist langwierig, denn die Pflanzen können erst nach 3 Jahren mit einer Größe von 40–60 Zentimetern ins Freiland gepflanzt werden. Weitere 7 bis 9 Jahre dauert es, bis der volle Ernteertrag von 4 bis 10 kg je Strauch erbracht wird.

Bundesweit gibt es heute größere Anbaugebiete z. B. in Brandenburg, in der Lüneburger Heide, im Oldenburger Raum und in Mittelbaden. Alle heutigen Kulturheidelbeersorten stammen ursprünglich von den um die Jahrhundertwende des 20. Jahrhunderts selektierten Büschen Nordamerikas ab.

Namensdeutung

Der deutsche Name „Heidelbeere“ hat seinen Ursprung in der Bezeichnung „auf der Heide wachsende Beere“.

Der mittelalterliche Poet Paulus Schede Melissus (1539–1602) schrieb nieder, dass sich der Name der Stadt Heidelberg daraus ableitet. „Heidel“ – für die in der Umgebung und auch auf dem „Berg“ wachsende Frucht. Er berichtet, dass um Heidelberg herum einst sehr viele Heidelbeeren wuchsen.

Auch im Gründungssiegel der Universität Heidelberg sind, laut neuesten Untersuchungen zur Geschichte dieses Siegels, Heidelbeerzweige dargestellt.

Servietten mit Heidelbeermotiv

Der Schriftsteller Mark Twain (1835–1910) schrieb sein Buch „The Adventures of Huckleberry Finn" in Heidelberg zu Ende und widmete der Stadt Heidelberg diesen Titel.

Die Waldheidelbeere heißt im Englischen „Huckleberry".

Die Waldheidelbeere (Vaccinium myrtillus) wird regional auch Balubeere, Blaubeere, Beiksbeer, Bickbeer, Bickbeere, Bicksbeer, Bixbeere, Beiksbeer, Glücksbeere, Griffelbeere, Haselbeeri, Hasenbeere, Heidelbeere, Heubeere, Kotheke, Krackbeere, Krähenauge, Mehlbeere, Mollbeere, Moosbeere, Mostbeere, Schwarze Besinge, Schnuderbeeri, Schwarzbeere, Schwarzbeeren, Schwoazbiar, Sentbeere, Staudelbeere, Swart Bäsing, Taubeere, Waldbeere, Waldheidelbeere, Wehlen, Wildbeere, Wilde Heidelbeere, Worbel, Zechbeere oder Zeckbeere genannt und gehört zu den Heidekrautgewächsen.

Waldheidelbeeren

Die Kulturheidelbeere (Vaccinium corymbosum) wird auch Amerikanische Heidelbeere, Blaubeere, Gartenheidelbeere oder einfach Heidelbeere genannt.

Kulturheidelbeeren, weiß blühend

Foto rechts: *Kuturheidelbeeren*

Ansprüche, Anzucht und Anbau

In freier Natur kommt die Waldheidelbeere in Misch- und Nadelwäldern Deutschlands, in Nord- und Mitteleuropa, den gemäßigten und nordischen Zonen Eurasiens und auf moorigen Böden vor. Sie gedeiht von den Niederungen bis hin zur Waldgrenze und dem Knieholzgürtel und sogar in Höhen bis zu 3.000 m.

Beide Arten bevorzugen für ein optimales Wachstum sauren Boden mit einem pH-Wert von 4,0 bis 5,0, aber keinen Kalk.

Die Kulturheidelbeere wird zunehmend in landwirtschaftlichen Betrieben angebaut und dort auch verarbeitet. Hier hat sich in den letzten Jahrzehnten ein deutlicher Wandel vollzogen. Die ersten Sorten und Kulturpflanzen wurden einst fast ausschließlich in Kleingärten und von Liebhabern angepflanzt. Derzeit gibt es einen vermehrten Anbau in Plantagen.

Waldheidelbeeren am Naturstandort Lewitz im Winter

Waldheidelbeeren in der vegetationslosen Zeit

Die Waldheidelbeere ist ein Zwergstrauch und wird bis zu 50 cm hoch. Sie kann bei guten Umweltverhältnissen ein Alter von 30 Jahren erreichen. Im Boden bildet die Waldheidelbeere ein ausgebreitetes dichtes Wurzelgeflecht aus. Die fast aufrecht wachsenden vierkantigen Stängel kriechen aus ihnen hervor. Ganz alte Triebe sind rundlich und mit einer gräulichen Rinde am Fuße bedeckt.

Stängelgeflecht der Waldheidelbeere

Alter und junger Triebteil der Waldheidelbeere

Winterknospen und Austrieb der Waldheidelbeere

Die eiförmigen Blättchen sind 2–3 cm lang und beidseitig glatt, besitzen einen fein gesägten Rand und sitzen wechselständig am Trieb. Ab April bis Juni wachsen an den Stängeln kleine grünlich weiß bis rosarot aussehende Blüten.

Daraus entwickeln sich von Ende Juli bis September die leckeren blauen Früchtchen.
Ihr Geschmack wird von fruchtig-säuerlich bis süß-säuerlich beschrieben.

Blüten der Waldheidelbeere

Waldheidelbeeren sind sommergrün. Im Herbst färbt sich das Laub meist bis tiefrot. Im Spätherbst fallen alle Blätter ab und im Frühjahr werden neue aus den überwinternden Knospen ausgebildet.

Gern verzieren die Floristen ihre bunten Sträuße mit Stängeln der Waldheidelbeere. Diese als Schnittgrün verwendeten Triebe stammen aus gesondertem Anbau und werden nicht aus dem Wald geholt.

Gut besetzte Waldheidelbeeren

Früchte der Wald- (links) und Kulturheidelbeere (rechts) im Vergleich

Die Kulturheidelbeere stammt aus Nordamerika; sie wurde züchterisch bearbeitet. Seit Beginn des 20. Jahrhunderts sind weit über 100 Sorten der Kulturheidelbeere auf dem Markt. Die Früchte der Kulturheidelbeeren sind deutlich größer als die der Waldheidelbeeren.

Kulturheidelbeeren färben nicht und sind weißfleischig. Beim Verzehr und bei längerem Pflücken gibt es keine blauen Färbungen. Die Farbstoffe (Anthocyane) befinden sich nur in der Schale. Ihr Geschmack ist nicht so aromatisch wie der der Waldheidelbeere.

Beide Arten haben einen mehr oder weniger deutlich ausgeprägten Wachsüberzug. Kulturheidelbeeren sind pflückreif, wenn der Stielansatz in unmittelbarer Nähe der Frucht nicht mehr rötlich, sondern völlig blau gefärbt ist.

Blauer Wachsüberzug und noch grünliche Stängel sind gut erkennbar.

Die Sträucher der Kulturheidelbeeren werden bis zu 2 m hoch. Für eine optimale Ernte werden sie durch einen gezielten Schnitt oft niedriger kultiviert. Die Wuchsform der einzelnen Sorten ist sehr unterschiedlich, von steil aufwärtsstrebend bis hin zu locker auseinanderfallenden Trieben. Die Pflanzen vertragen bis −25 °C und gelten als sehr frostsicher. Gefährlich für die Pflanzen sind Spätfröste im Frühjahr. Er kann die Blüte im April bis Mai stark schädigen und Ertragsausfälle verursachen. Für einen lohnenden Ertrag zur Erntezeit ist es erforderlich, dass bis zu 80 % der Blüten auch Früchte ausbilden.

Die Fruchtgröße und das Fruchtaroma werden durch viel Sonne positiv beeinflusst.

Das Wurzelsystem ist dicht filzig und stark verzweigt. Die Blätter stehen wechselständig an den Trieben, die jung eine grünliche und im Alter eine graue und rissige Oberfläche aufweisen. Das Holz ist hart und spröde. Im Spätsommer beginnt eine goldgelbe bis leuchtend rote Laubfärbung, die weithin sichtbar ist.

Auch Kulturheidelbeeren sind selbstfruchtend. Zur Sicherung der Ernte wird aber zusätzlich eine gezielte Fremdbestäubung mit Bienen und Hummeln (sie verlassen auch bei regnerischem Wetter ihre Anzuchtkisten) empfohlen.

Die Blütezeit der Heidelbeeren erstreckt sich in Mitteleuropa etwa über vier Wochen. Am Strauch öffnen sich immer zuerst die äußeren Blüten und in den Blütenständen anfangs die oberen Blüten. Daraus ergeben sich mehrere Arbeitsgänge für die Ernte

von oben:

Früchte sind nicht mehr knackig – aber Wachsüberzug und rötlich-blaue Stängel sind hier gut erkennbar.

Herbstfärbung der Waldheidelbeere

Hummelkasten mit fleißigen Helfern in einer Anlage in Klaistow

Anbau

Beim Anbau sollte beachtet werden, dass der gewünschte pH-Wert der Erde bei 4–4,5 liegt. Der Boden, der diese Grundbedingung nicht erfüllt, wird im Bedarfsfall vor der Anpflanzung der Kulturheidelbeere aufgewertet.

Blüten und Fruchtansätze einer Kulturheidelbeere

Kulturheidelbeeren in Reihenanbau

Die Pflanzen werden aus Steckhölzern oder Stecklingen herangezogen und im Abstand von ca. 100–150 cm in der Reihe gesetzt.

Der Abstand zwischen den Reihen – je nach Pflegetechnik – beträgt 300 bis 350 cm. Oft erfolgt der Anbau in Dammkultur.

Zwischen den Reihen erfolgt während der Vegetation eine mechanische Unkrautbekämpfung.
Eine chemische Unkrautbekämpfung wird wegen der Empfindlichkeit der Kulturheidelbeeren nicht empfohlen.

Achtung: Ganz flach bearbeiten, Heidelbeeren sind Flachwurzler.

Sie lieben gleichmäßige Bodenfeuchte. In den Anbaubetrieben wird das durch eine gezielte Zusatzbewässerung sichergestellt.

Kulturheidelbeeren brauchen zur Ausbildung ihrer Früchte in guter Qualität Sonnenschein, sie vertragen keinen oder ganz wenig Schatten.

Auch die Kultur in Kübeln ist möglich.

Krankheiten und Schädlinge an Kulturheidelbeeren treten unter den hiesigen Anbaubedingungen selten auf.

Dammkultur mit Bodenbedeckung

Wühlmausfraß am Wurzelstock einer Kulturheidelbeere

Bodenbearbeitung in einer Anlage mit Dammkultur

Kulturheidelbeere im Kübel, Erlebnishof Klaistow

Die Wasserschläuche und Düsen werden bei der Pflanzung verlegt.

Wasserdüse zur punktgenauen, effektiven Bewässerung der Kulturheidelbeeren

Kleine Sortenkunde

Gezüchtet wird auf gute Frosthärte der Pflanzen und auf einen relativ aufrechten, straffen Wuchs. Blüte und Reife sollen möglichst gleichmäßig erfolgen und die Früchte sollen groß, hellblau, platzfest und aromatisch werden.

„Bluecrop"

USA, mittelgroße Früchte, feste, hellblau bereifte Beeren. Kältehart, robust, trockenheitstolerant und ertragssicher. Wenig anfällig für Krankheiten und Schädlinge. Die Sorte gilt als Weltmarktführer.

„Duke"

USA, mittelgroße Früchte, feste, hellblau bereifte Früchte. Sehr haltbare Fruchtqualität, späte Blüte.

„Puru"

Neuseeland, große Früchte, hellblau leuchtend, sehr gut im Geschmack.

„Reka"

Neuseeland, mittelgroße, kräftig feste blaue Früchte, sehr aromatisch.

„Toro"

USA, große hellblaue Früchte, guter Geschmack. Kompakte Reife, die meist nur zwei Erntedurchgänge benötigt.

Reifende Waldheidelbeeren

„Gibt es viele Heidelbeeren, so gibt es auch viel Wein", so lautet eine alte Volksweisheit.

Hinweis: Verwechseln Sie in der Euphorie des Sammelns nicht die Waldheidelbeere mit den Früchten der vierblättrigen Einbeere (Paris quadrifolia) oder mit den Früchten des Efeu (Hedera helix).

Frucht der Einbeere

Früchte des Efeu

Die Ernte der Wald- und auch der Kulturheidelbeeren erstreckt sich von Ende Juli bis Ende September.

Reifende Kulturheidelbeeren

Bei der Waldheidelbeere sind die Anbaulagen und auch die Höhenlagen der natürlichen Wuchsgebiete Grundlage für die Erntezeit, bei den Kulturheidelbeeren die Anbausorten.
Bei den Waldheidelbeeren ist die Druckempfindlichkeit besonders groß. Sie sollten möglichst ohne mehrmaliges Umfüllen zum Endverbraucher gelangen.

Saubere frische Früchte können im Kühlschrank bis zu drei Tagen gelagert werden, schockgefrostete Beeren bis 12 Monate. Kaufen Sie nur pralle, gleichmäßig ausgefärbte Heidelbeeren. Die Körbe sollten keine Saftflecken aufweisen.

Das Sammeln im Wald erfolgt nur per Handpflücken und nicht – wie einst vielerorts üblich – mit dem Heidelbeerkamm.

Heidelbeerkamm für Waldheidelbeere

Dieser „Kamm“ streift alle reifen und unreifen Früchte und viele Blätter von der Waldheidelbeerpflanze ab.

Dieser Verlust beeinträchtigt die Pflanze im weiteren Wachstum. Deshalb möglichst immer, wie bei der Kulturheidelbeere, die schonende Handarbeit anwenden.

Im erwerbsmäßigen Anbau der Kulturheidelbeeren sind auch Erntemaschinen im Einsatz, besonders in den USA. Ausgewachsene Sträucher bringen jährlich 15–20 kg Beeren auf die Waage.

Foto rechts:
Reiche Ernte

Traditionspflege und Brauchtum

Die Waldheidelbeere galt als Färberpflanze, mit ihrem Blau, das der Farbe der Früchte entsprach und gern verwendet wurde. Plinius (ca. 23–79 n. Chr., römischer Schriftsteller) hat aufgezeichnet, dass der Farbstoff der Waldheidelbeere zum Färben der Bekleidung für Sklaven verwendet wurde.

Der Harzdichter Adolf Ey (1844–1934) schrieb einst in der Sage vom Ritter Hans dem Kühnen:
„Mitten aus hohem Heidelbeerkraut, Mitten aus Bruch und Moor, Ragt, auf Bergeshöh' gebaut, Stattlich ein Schloss empor", (Hanskühnenburg-Klippe/ Sösetal).

In dieser Harzregion liegt das „Heidelbeerdorf Holzhausen". Dort wachsen sehr viele Heidelbeeren, die von den Frauen des Ortes einst zu Fuß nach Kassel zum Verkauf gebracht wurden.

In der Blumensprache, die früher gern von den Verliebten benutzt wurde, steht die Blüte der Waldheidelbeeren für: „Ich teile Gut und Blut mit Dir." Ein großartiges Versprechen, ob es wohl immer eingehalten wurde?

Weitere Sprüche dieser Art lauten: „Sei frei und froh, Ich mach's auch so!"

Über die Heidelbeerblüte heißt es: „Gern sei all mein Gut, mein Leben, für Dich, Teure, hingegeben!"

Alte Bräuche und Geschichten

Beim Sammeln der Waldheidelbeeren legten früher die Kinder 9 Beeren in eine kleine Baumhöhlung oder auf einen Stein. Dort wurden sie, in Erwartung auf eine reiche Ernte, zerdrückt. Damit sollten die Angriffe des „Heidelbeermannes“ abgewehrt werden.

Mit Heidelbeerkraut überbrachte man die Frage: „Schwör' mir mit Herz und Mund; Beglückt Dich unser Bund?“

In Frankreich wurden einst die ersten zwei gesammelten Beeren zerdrückt in einer Baumhöhle abgelegt.

Laut Sagen aus Österreich und Frankreich wachsen und gedeihen Waldheidelbeeren dort wo Zwerge wohnen, die einen Schatz behüten.

In „Der Sommer der Blaubeeren“, ein Roman von Mary Simses, wird der Waldheidelbeere eine Art Denkmal gesetzt.

In Märchen wird berichtet, dass die Zwerge das Seltenste der Welt hegen und pflegen würden. Und dort, wo sie aus- und eingehen, bedecken dunkle Heidelbeerfrüchte den Boden.

Schwangere, die viel in den Wald zum Heidelbeerpflücken gehen, sollen Kinder mit vielen dunklen Muttermalen gebären.

Die Blaubeerstadt Eggesin (Mecklenburg-Vorpommern) schätzt die vielen Waldheidelbeeren in der Umgebung der Stadt. Im Zentrum steht ein Denkmal zu Ehren der Waldheidelbeere.

Heidelbeerdenkmal in Eggesin/Mecklenburg-Vorpommern

Im thüringischen Vesser steht die Waldheidelbeere im Mittelpunkt. Zum Volksfest rund um diese Frucht wird ein „Schwarzbeerkönig“ gekrönt und Heidelbeerkuchen verzehrt.

In Walsrode/Lüneburger Heide gibt es jährlich ein Fest mit der Wahl einer Heidelbeerkönigin.

Traditionell feiern die Enzklösterler im nördlichen Schwarzwald ihre Beere mit den Heidelbeerwochen beim gemeinsamen Beeren-„Zopfen“.

Das große Blaubeerfest findet in Grethem (Niedersachsen), auf dem Hof von Heermanns Blaubeerland statt.

Das Heidelbeerfest in Eschdorf (Thüringen) findet immer am dritten Juliwochenende statt.

Die Pritzwalker Heidelbeere

In der Heidelbeerstadt Pritzwalk/Prignitz werden jährlich die Pritzwalker Heidelbeertage gefeiert.

Auf Briefmarken – wie zum Beispiel für die Wohlfahrtspflege – wird die Heidelbeere ebenfalls gewürdigt.

Die Gärtner verwendeten zur Landesgartenschau 2014 in Deggendorf/Bayern die Waldheidelbeere als Abgrenzung zwischen verschiedenen Pflanzgestaltungen.

Waldheidelbeeren im Landschaftsgartenbau, hier auf der Landesgartenschau 2014 in Deggendorf/Bayern

Inhaltsstoffe

Die Waldheidelbeeren haben nur 65 Kalorien je 100 g Beeren. Sie sind reich an Provitamin A, den Vitaminen B1, B2, B6 und B9, Vitamin C und Vitamin E. Sie enthalten Flavonoide (Anthocyane – der blaue Farbstoff in den Früchten), Fruchtsäuren, Gerbstoffe, Mineralstoffe (Calcium, Eisen, Kalium, Magnesium, Natrium, Phosphor und Zink), Pektine, Phenolsäuren (Ellagsäure). Die eisenhaltigen Früchte tragen zur Blutbildung bei und besitzen eine stopfende Wirkung bei Durchfall.

Inhaltsstoffe der **Heidelbeer**-Früchte **100 g frische Beeren enthalten:**	**Informationen** über die **Inhaltsstoffe** der Heidelbeeren
Vitamine je 100 g frische Beeren	
A	6,0 µg
B6	0,1 mg
B9	3,0 µg
C	30,0 mg
E	1,9 mg
Mineralstoffe, Spurenelemente je 100 g frische Beeren	
Calcium	13,0 mg
Eisen	0,7 mg
Magnesium	2,0 mg
Natrium	1,0 mg
Phosphor	13,0 mg
Kalium	73,0 mg
Zink	0,1 mg

Die Vitamine C, Folsäure und Eisen sind wichtig für die Bildung von roten Blutkörperchen und zur Unterstützung der Funktionen der Zellmembranen. Die Ballaststoffe der Heidelbeeren sorgen für eine ausgeglichene Darmflora und damit für eine bessere Verdauung.
In den Blättern sind Gerbstoffe, Hydrochinon, Flavonoide und Neomyrtillin enthalten. Anthocyane sind für die antioxidativen und entzündungshemmenden Eigenschaften verantwortlich.
Die Flavonoide sind es, die blaue Zungen oder die Flecken in der Kleidung verursachen.

TIPP zur Entfernung von Blaubeerflecken:
Kochfeste Textilien eine Stunde in Buttermilch einweichen, dann mit kaltem und anschließend mit heißem Wasser ausspülen.
Oder Zitronensaft auf den gefärbten Fleck träufeln und dann gründlich auswaschen.
Wolltextilien können in Milch eingeweicht werden, danach warm und kalt ausspülen.
Durch Heidelbeeren blau gefärbte Mundpartien und auch Zähne macht der Saft von Zitronen wieder rein.

Heilwirkungen und Heilanwendungen

„Während der Heidelbeerzeit kann der Arzt getrost verreisen.“

Heute wird die Heilwirkung ebenfalls vielfältig genutzt. Die getrockneten Beeren und die vor der Blüte gesammelten Blätter besitzen einen gesundheitlichen Wert, den schon Pfarrer Sebastian Kneipp (1821–1897) in seinen Schriften niederlegte.

Heilanwendung

Waldheidelbeeren wurden bei Erkrankungen des Darms (Dünn- und Dickdarm), der Niere und auch der Blase eingesetzt. Sie gelten bakterientötend, blutzuckersenkend und entzündungshemmend.

Waldheidelbeeren werden auch als „Brillenbrecher" bezeichnet. Nachtblinde Kraftfahrer sollten sie reichlich essen, da sie die Anpassung des Auges an die Lichtverhältnisse unterstützen und auch verbessern.

Piloten der Royal Air Force, die während des Zweiten Weltkrieges im Einsatz waren, berichteten von der Unterstützung der Sehschärfe durch den Genuss von Heidelbeeren.

Als pflanzliches Heilmittel ist der Extrakt der Heidelbeere zur Unterstützung für eine gute Sehkraft anerkannt. Sie helfen bei Grauem Star, Nachtblindheit und Lichtüberempfindlichkeit.

Sie werden auch gegen Hämorrhoiden und bei Krampfadern empfohlen.

Die Inhaltsstoffe der Waldheidelbeere können überhöhten Blutzuckerspiegel senken, Harnblasenentzündung, Nierenbeschwerden und Fieber lindern.

Bei Darmkatarrh und Durchfall wird empfohlen:

2 EL getrocknete Heidelbeeren in 250 ml Wasser ansetzen, ca. 5 Min. kochen und danach ca. 10–15 Min. ziehen lassen. Den Sud auspressen und durchseihen. Täglich werden von diesem Tee 3–6 Tassen getrunken.

Auf Heidelbeerallergie sollte geachtet werden. Wenn die Beschwerden länger als 2 Tage anhalten, gilt:

Fragen Sie Ihren Arzt oder Apotheker.

Der Saft von frischen Waldheidelbeeren ist ein gutes Mittel zur Regeneration der Schleimhäute. Er wirkt leicht abführend; getrocknete Beeren bewirken das Gegenteil. Er enthält den Farbstoff Anthocyan, der die Regeneration des Sehpurpurs* beschleunigt. Als Heilmittel nimmt man täglich dreimal 1 EL Saft ein, ansonsten nach Belieben.

Der dick eingekochte Saft samt Beeren diente äußerlich, als Extrakt aufgelegt, gegen nässende Flechten mit starkem Juckreiz.

Heidelbeerwein wirkt antibakteriell auf die Darmschleimhaut. Auch hier: drei mal täglich ein Likörglas voll.

Rhodopsin, wegen seiner Farbe auch Sehpurpur* genannt, ist eines der Sehpigmente in der Netzhaut, auch Retina, der Augen. Im menschlichen Auge ist das Rhodopsin in den Stäbchen der Netzhaut für das Hell-Dunkel-Sehen verantwortlich.

Bombastus Heidelbeertee

Fragen Sie bitte vorher immer Ihren Arzt oder Apotheker!

Auch die Blätter der Waldheidelbeere, im Juni-Juli geerntet, wurden in der Volksheilkunde und in der Küche eingesetzt.

Die Blätter enthalten u. a. Arbutin, Bitterstoff (Erikolin), Chinasäure, Gerbstoffe, Kaffeesäure und auch Vitamin C. Das in den Blättern ebenfalls enthaltene mild wirkende pflanzliche Insulin wurde früher auch bei Diabetes verordnet.

Heidelbeerblättertee

Tees aus Blättern

Für Diabetiker:
2 TL Heidelbeerblätter und 1 TL Walderdbeerblätter im Mörser zerstoßen und mit einer Tasse kochendem Wasser aufbrühen. Ca. 10 Min. ziehen lassen und 3 mal täglich davon langsam und in kleinen Schlucken trinken.

Bei Blasen- und Nierenbeschwerden, Diabetes und Wassersucht:
20 Blätter in 500 ml kaltem Wasser ansetzen und dann ca. 5 Min. bei geringer Hitze kochen. Den Sud anschließend 15 Min. ziehen lassen und täglich ca. 3 Tassen trinken.

Bei Entzündungen:

3 TL Heidelbeerblätter zerstoßen und mit einer Tasse kochendem Wassers überbrühen. Ca. 10 Min. ziehen lassen und dann in kleinen Schlucken trinken. Die getrockneten Blätter werden auch zu Auflagen, Gurgelwasser bei Mundhöhlen- und Zahnfleischentzündungen, für Nasenspülungen gegen Schnupfen und für Waschungen empfohlen; auch zu Einreibungen der Kopfhaut bei Haarausfall.

Achtung. In der Literatur gibt es Hinweise, dass der Verzehr größerer Mengen Heidelbeerblätter giftig für den Körper sein soll. Sie enthalten Arbutin und Hydrochinon.

Laut Prof. Hademar Bankhofer (*1941), der als Medizinjournalist durch vielseitige Gesundheitstipps bekannt ist, sind Heidelbeeren gut gegen Migräne und Spannungskopfschmerzen. Die Heidelbeer-Therapie sollte in Absprache mit dem Hausarzt durchgeführt werden. Bei Migräne soll man im Abstand von ca. einer Stunde zweimal 300–600 mg Heidelbeer-Extrakt einnehmen.

Achtung: Fragen Sie vorher immer Ihren Arzt oder Apotheker!

Das Heidelbeerkraut wurde auch als eine Zutat für Knaster- oder Rauchtabake neben vielen anderen Kräutern in der Pfeife geraucht.
Und: Getrocknete Heidelbeerblätter werden auch als Futter für die gestreiften Strauchratten (Octodon degus) im Handel angeboten.

Strauchratte (Octodon degus)

Schönheitspflege

Heidelbeeren haben auch eine Anti-Aging-Wirkung und sorgen für eine schöne Haut. Als Ausgangs- oder Zusatzstoff ist in verschiedensten Präparaten Heidelbeerpulver enthalten, wie zum Beispiel in Nahrungsergänzungsmitteln und Hautpflegeprodukten.

Heidelbeerpulver, schonend sprühgetrocknet und fein vermahlen, wird aus den Früchten hergestellt. Dieses Fruchtpulver eignet sich hervorragend als Zugabe in Müsli, Joghurt, Milch und anderen Speisen und Getränken.
Sie können das Pulver auch einfach in Wasser einrühren und trinken.
Es gibt Produkte zur Lippenpflege, die mit Aromen aus Heidelbeeren hergestellt sind. Der Duft, der Geschmack und natürlich die Farbgebung sind beliebt.

Heidelbeer-Badeperlen

Für Genießer eines erholsamen Bades gibt es Heidelbeer-Badeperlen. Auch Heidelbeerduschbad ist im Angebot.

Diese Kerze verströmt einen lieblich fruchtigen Duft.
Foto rechts: *Duschbad mit Heidelbeere*

powerfruit
relax
HYDRA IQ
PFLEGEDUSCHE
DOUCHE DE SOIN

Küchenrezepte

Die vorgestellten Rezepte reichen von süßen und herzhaften Gerichten, über Müsli, Salate, Suppen, Hauptgerichte bis zu Nachspeisen. Die Herstellung von Kuchen, Marmelade, Likör und Essig belegen die vielfältigen Verarbeitungsmöglichkeiten von Heidelbeeren in der Küche.

Müsli, Joghurt und Mixgetränke

Heidelbeermüsli I

Zutaten:
(für 2 Personen)

50 g Heidelbeeren
400 g Sojajoghurt
70 ml Haferdrink
50 g Bio Süßlupinen „Kernies“
25 g Bio Haferflocken
25 g Mandelkerne
20 g Kürbiskerne
3 EL dunkler Agavendicksaft
2 EL Kokosöl
1 TL gemahlene Vanille
$^1/_2$ Zitrone
Obst zum Garnieren

Süßlupinen „Kernies“ abbrausen, gut abtropfen lassen. Mit Haferdrink aufkochen und ca. 10 Min. bei Restwärme auf der Herdplatte quellen lassen. Restflüssigkeit abgießen. Kürbis- und Mandelkerne grob hacken. Kokosöl in einer Pfanne erhitzen und Haferflocken, „Kernies“, Kürbis- und Mandelkerne, kurz scharf anbraten. Vanille untermengen. Alles im Agavendicksaft karamellisieren. Müsli etwas auskühlen lassen. Zitrone waschen, trocken reiben und Saft einer halben Zitrone gewinnen. Sojajoghurt und Zitronensaft vermengen. Heidelbeeren waschen und ausschwenken. Den Joghurt auf zwei Schalen verteilen, Müsli darüber geben und mit den Heidelbeeren garnieren.

Heidelbeermüsli II

Zutaten:
125 g Heidelbeeren
250 g Sahnejoghurt
60 g Müslimischung
3 EL Sanddornsirup
2 EL Orangensaft
1 Orange

Heidelbeermüsli II

Heidelbeeren waschen und gut abtropfen lassen. Orange waschen, trocken tupfen und $^1/_2$ TL Schale abreiben. Heidelbeeren und Müslimischung vermengen. Orangensaft, Orangenschale und Sanddornsirup gut verrühren. Müslimischung auf die Teller füllen. Sahnejoghurt verrühren und mit der Sanddornmischung auf dem Müsli verteilen.

Heidelbeerspeise

Zutaten:
150 g Heidelbeeren
150 g Naturjoghurt
2 TL Ahornsirup

Heidelbeeren waschen, gut abtropfen lassen und mit der Gabel zerdrücken. Mit dem Joghurt mischen. Vor dem Servieren mit Ahornsirup beträufeln.

Heidelbeer-Smoothie

Zutaten:
100 g Heidelbeeren
100 g Joghurt
2 Kugeln Vanilleeis
$^1/_2$ Banane
Frische Blättchen zum Dekorieren

Heidelbeeren waschen und gut abtropfen lassen. Alle Zutaten im Mixer cremig rühren. In Gläser füllen, diese mit einem Blättchen (Zitronenmelisse, Pfefferminze etc.) garnieren und servieren.

Heidelbeerquark mit Leinöl

Zutaten:
50 g Heidelbeeren
250 g Quark
70 g Naturjoghurt
15 g Walnüsse
10 g Hanfsamen
10 ml Agavendicksaft
2 EL Leinöl
1 EL Blütenhonig
1 EL gemahlene Haselnüsse
1 EL Kernemix
1 Handvoll Cranberrys
1 Spritzer Zitronensaft

Heidelbeeren waschen und gut abtropfen lassen. Blütenhonig, Joghurt, Leinöl und Quark in einer Schüssel cremig rühren. Mit Zitronensaft abschmecken. In einer Pfanne ohne Öl die Hasel- und Walnüsse und danach auch den Kernemix und die Hanfsamen goldbraun rösten. Heidelbeeren mit Agavendicksaft vermengen und auf die Quarkmischung geben. Geröstete Nüsse und Samen obenauf streuen. Mit Cranberry verzieren und servieren.

Heidelbeerjoghurt

Zutaten:
100 g Heidelbeeren
500 g Naturjoghurt
1 Päckchen Vanillezucker
brauner Zucker

Heidelbeeren waschen, gut abtropfen lassen und vierteln. Naturjoghurt mit Vanillezucker vermengen und Heidelbeeren unterrühren. In Schalen geben und mit einem Hauch braunen Zucker bestreuen und servieren.

Heidelbeerjoghurt mit ganzen Früchten

Heidelbeer-Hafer-Mix

Zutaten:
300 g Heidelbeeren
250 ml Haferdrink
6 EL Haferkleie
1 TL Honig
1 Spritzer Zitrone

Heidelbeeren waschen und gut abtropfen lassen, mit Haferdrink und Zitronensaft pürieren. Haferkleie auf 2 Gläser verteilen und mit der Heidelbeermilch übergießen. Umrühren und gekühlt genießen.

Heidelbeerschale

Zutaten:
100 g Heidelbeeren
150 ml Magermilch
125 g Magerquark
1 TL Mandelstifte
1 EL Vanillezucker
Etwas Zitronensaft

Heidelbeeren waschen und gut abtropfen lassen. Magerquark und Milch mit Vanillezucker und etwas Zitronensaft verrühren. Heidelbeeren zugeben und vermengen.
Mandelstifte darüber streuen und servieren.

Salate

Heidelbeersalat mit Käsebällchen

Zutaten:

125 g Heidelbeeren
250 g Erdbeeren
150 g Joghurt
125 g Ziegenkäserolle
125 g Frischkäse
10 ml Buttermilch
6 Stängel Thymian
1 Kopfsalat
1 EL Agavendicksaft
1/2 Bund Basilikum
frisch gemahlener schwarzer Pfeffer
Salz
Zitronensaft
brauner Zucker

Heidelbeeren waschen und gut abtropfen lassen. Erdbeeren waschen, trocken tupfen und in kleine Stücke schneiden. Basilikum und Thymian waschen, gut ausschwenken und jeweils zerkleinern. Salat waschen, gut ausschwenken und in kleine Stücke schneiden. Beerenmix, Salat und Basilikum vermengen und auf Teller verteilen. Frisch- und Ziegenkäse vermengen, daraus kleine Kugeln formen, in Thymian wälzen und auf dem Salat anrichten.
Dressing: Agavendicksaft, Buttermilch und Joghurt mischen, mit Pfeffer, Salz und Zitronensaft abschmecken. Dressing über den Salat träufeln und servieren.

Rotkohlsalat mit Heidelbeerdressing

Zutaten:

2 EL Heidelbeermarmelade
1 Rotkohl
1 rotschaliger Apfel
4 EL Rapsöl
2 TL grober Senf
1 EL Apfelessig
1/2 TL Zucker
1/4 TL Salz

Rotkohl putzen und sehr fein schneiden. Apfel waschen, trocken reiben und mit Schale in dünne Stifte schneiden. Apfel und Rotkohl kräftig vermengen. Aus den weiteren Zutaten ein Dressing mischen und abschmecken. Dressing zum Salat geben, gut unterrühren und mehrere Stunden ziehen lassen.

Chicorée-Obstsalat mit Heidelbeeren

Chicorée-Obstsalat mit Heidelbeeren

Zutaten:
125 g frische Heidelbeeren
1 Chicorée
25 g Feldsalat
5 frische Erdbeeren

Alle Zutaten waschen. Chicorée in feine Streifen schneiden, vom Feldsalat die Blättchen zupfen. Kerngehäuse der Birne entfernen, Fruchtfleisch würfeln. Blattkelche von den Erdbeeren entfernen, Früchte achteln. Frische Kräuter fein schneiden. Alle Zutaten in eine Schüssel füllen, gut mischen. Balsamico, Olivenöl und Wasser mischen, über den Salat füllen. Vor dem Servieren nochmals umrühren und mit den Kräutern garnieren.

Suppen

Heidelbeersuppe mit saurer Sahne

Zutaten:
300 g Heidelbeeren
1 l Wasser
250 ml saure Sahne
1 TL Stärkemehl
1 Prise Salz
1 Prise Zucker
Zwieback

Heidelbeeren waschen, gut abtropfen lassen und im Wasser kochen. Stärkemehl, Salz, Zucker mit der sauren Sahne verquirlen und zu den Heidelbeeren geben. Aufkochen lassen, nach dem Abkühlen mit Zwieback servieren.

Heidelbeer-Kaltschale mit Buttermilch

Zutaten (für 2 Personen) :
250 g Heidelbeeren
500 ml Buttermilch
65 ml Johannisbeernektar
40 g Zucker
40 g Cantuccini (Mandelkekse)
1 Limette
1 Päckchen Vanillezucker
$^1/_4$ TL Salz

Beeren waschen, verlesen und gut abtropfen lassen.
Etwa $^1/_3$ der Heidelbeeren kalt stellen. Limette abwaschen, 1 EL Schale abreiben. Eine halbe Limette auspressen und Saft beiseite stellen. Beeren, Limettenschale und -saft, Nektar, Vanillezucker und Zucker gemeinsam pürieren. Buttermilch zugeben und 60 Min. kühl stellen. Kekse fein zerbröseln und mit den Restbeeren über die Kaltschale streuen.

Heidelbeer-Kaltschale mit Joghurt

Zutaten (für 2 Personen):
200 g Heidelbeeren
400 g Naturjoghurt
50 g Zucker
1 Zitrone

Heidelbeeren waschen, gut abtropfen lassen. Zitrone waschen, trocken reiben, halbieren und eine Hälfte auspressen. Heidelbeeren, Joghurt, Zitronensaft und Zucker gemeinsam pürieren. Bei Bedarf kalt stellen. Vor dem Servieren mit einigen Heidelbeeren garnieren.

Heidelbeersuppe

Zutaten:
1 kg Heidelbeeren
250 ml Wasser
100 g Zucker
1 EL Speisestärke
Zitronensaft

Heidelbeeren waschen und gut abtropfen lassen. Heidelbeeren und Wasser im Topf zum Kochen bringen und ca. 5 Min. köcheln lassen. Zucker zugeben und umrühren. Speisestärke in wenig kaltem Wasser glatt verrühren und unter die Heidelbeeren mengen. Einmal kurz aufkochen lassen. Suppe je nach Geschmack mit Zitronensaft abschmecken.

Tipp: Schmeckt heiß und kalt.

Heidelbeer-Gazpacho

Zutaten:
100 g Heidelbeeren
600 g Wassermelone
400 g Erdbeeren
2 EL Zucker
2 EL Grenadine (Granatapfelsaft oder Granatapfelsirup)

Heidelbeeren waschen und gut abtropfen lassen. Wassermelone schälen, entkernen, Fruchtfleisch in kleine Würfel schneiden. Erdbeeren waschen, abtropfen lassen, Blütenkelch entfernen und in Scheiben schneiden. 300 g Erdbeeren, 300 g Melone mit dem Zucker und der Grenadine pürieren. Suppe kalt stellen. Erkaltete Suppe in große Tassen oder Teller füllen. Mit Heidelbeeren, restlichen Erdbeeren und Wassermelonenstückchen garnieren und servieren.

Heidelbeer-Fruchtpüree

Zutaten:
500 g Heidelbeeren
1 EL Puderzucker

Die Früchte waschen, gut abtropfen lassen und dann mit dem Pürierstab pürieren, durch ein feines Sieb streichen, um die Kerne und Schalenteile zu entfernen. Den Puderzucker zur Püriermasse geben und gut durchrühren. Dieses Püree für Fruchtsuppen mit Fruchtsaft, Joghurt, Milch oder Sahne vermengen.

Soßen

Heidelbeersoßen passen zu Süßspeisen, zu Wildfleisch und diversen Bratenvarianten.

Fertige Heidelbeersoßen

Heidelbeersoße

Zutaten:
200 g Heidelbeeren
40 g Zucker
2 EL Wasser
1 EL Zitronensaft

Heidelbeersoße

Heidelbeeren waschen und gut abtropfen lassen. Alle Zutaten in einem Topf aufkochen und weitere ca. 2 Min. köcheln lassen. Anschließend mit dem Pürierstab zu einer Fruchtsoße pürieren, bis zum Servieren kühl stellen.

Tipp: Passt zu Grießbrei, Pfannkuchen, Vanilleeis oder Vanillepudding.

Heidelbeersoße mit Preiselbeeressig

Zutaten:
300 g Heidelbeeren
300 ml Grundsoße für Wild und Rind
50 ml Preiselbeeressig
ganze Pfefferkörner
gemahlene Muskatblüte
gemahlener Piment
Salz

Heidelbeeren waschen und gut abtropfen lassen, Grundsoße und Heidelbeeren aufkochen, nach Geschmack würzen, alles passieren und ca. 20 Min. ziehen lassen. Mit dem Essig verfeinern.

Tipp: Passt zu Wild (Rehmedaillons) und Rinderbraten.

Entenbrust an Heidelbeersoße mit Curry

Heidelbeersoße mit Curry

Zutaten:
300 g Heidelbeeren (TK)
1 Prise Cayennepfeffer
1 EL Curry
1 EL Kräuter der Provence
1 TL Paprikapulver
1 TL Rotweinessig
1 Prise Zucker

Alle Zutaten in einen Topf mischen, ca. 10 Min. köcheln lassen. Vor dem Servieren Beeren leicht zerstampfen.

Tipp: Passt gut zu hellem Fleisch und Geflügel.

Kalte Heidelbeersoße mit Rotwein

Zutaten:
100 g Heidelbeermarmelade
125 ml süßer Rotwein
5 EL saure Sahne
1 Bio-Orange (Saft und Schale verwenden)
1 TL Senf

Orange waschen, trocken tupfen und auspressen. Schale in ganz feine Streifen schneiden und ca. 1 Min. blanchieren. Alle Zutaten in einer Schüssel mischen und mit dem Schneebesen aufschlagen. Vor dem Servieren die Streifen der Orange unterheben.

Tipp: Passt zu geschmorter Hasenkeule, Wild und Rinderbraten.

Ziegenkäsetoast mit frischen Heidelbeeren

Heidelbeersoße an Ziegenkäsetoast

Zutaten (für 4 Personen):
150 g Heidelbeeren (TK)
50 g Gelierzucker
4 EL Cumberlandsoße
1 kleine rote Chili
1/2 Schalotte
1 Prise Salz
Toast:
4 Scheiben-Toastbrot
20 g Butter
4 Salatblätter
2 Scheiben Ziegenkäse
2 kleine Ziegenfrischkäse
Frische Alfalfasprossen (gekeimte Samen der Luzerne)

Heidelbeeren mit Zucker mischen und auftauen lassen. Chili waschen, trocken tupfen, halbieren, Kerne entfernen und fein hacken. Schalotte schälen und fein hacken. Chili, Schalotte und Heidelbeeren in den Topf geben.
Etwa 3 Min. köcheln lassen. Umrühren. Cumberlandsoße unterrühren. Mit Salz würzen und abkühlen lassen.
Toast: Toastbrot leicht toasten und abkühlen lassen, mit Butter bestreichen. Käse halbieren, jeden Toast mit beiden Käsesorten und Salat belegen.
Mit Sprossen bestreuen und die Heidelbeersoße darüber träufeln. Den Rest der Heidelbeersoße gesondert servieren.

Hauptgerichte

Heidelbeeren waschen und gut abtropfen lassen. Knoblauchzehe und Schalotten schälen und fein hacken. Pilze putzen. Römersalatherzen waschen, gut ausschwenken und vierteln. Speckscheiben im Backofen knusprig backen. Knoblauch, Risotto und Schalotten im Olivenöl anschwitzen, mit Pfeffer und Salz würzen. Mit Weißwein ablöschen und mit Brühe auffüllen. Pfifferlinge würzen und braten, Römersalatherzen in Butter braten und wenig würzen. Das Risotto bissfest köcheln, bei Bedarf mit Brühe auffüllen. Heidelbeeren zugeben und mit Butter und Parmesan würzen. Die Römersalatherzen und Pfifferlinge auf dem Risotto anrichten. Mit Kräutern garniert servieren.

Heidelbeer-Risotto

Zutaten:

125 g Heidelbeeren
30 g Pfifferlinge
200 g Risotto
8 Speckscheiben
2 Schalotten
2 Römersalatherzen
$^1/_2$ Knoblauchzehe
Butter
Brühe/Weißwein
Kräuter
Olivenöl
Parmesan
frisch gemahlener schwarzer Pfeffer
Salz

Kartoffelravioli mit Heidelbeeren

Zutaten:
125 g Heidelbeeren
400 g gekochte Kartoffeln
200 g Mehl
100 g Kürbiskerne
90 g Butter
50 g Gries
5 Datteln
2 Eier
2 EL Vanillepudding (fertig)
2 EL Zitronensaft
2 TL Zimt
1 Apfel
1 EL Zucker
1 TL Salz

Kartoffeln gar kochen, pellen und durch eine Presse drücken. Kartoffelmasse mit 50 g Butter, Eiern, Gries, Mehl und Salz zu einem glatten Teig verkneten. Fläche bemehlen und den Teig gleichmäßig ausrollen. Kreisrunde Platten, für die Heidelbeeren mit einem Glas ausstechen. Heidelbeeren waschen und gut abtropfen lassen. Äpfel waschen, entkernen und klein schneiden. Datteln entkernen und klein schneiden. Heidelbeeren mit den Äpfeln, Datteln, Vanillepudding, Salz, Zimt und Zitronensaft gut vermischen. Auf die Teigplatten kleine Häufchen geben und zuklappen, mit einer Gabel zusammendrücken. Alle in kochendes Wasser heben und bei geringer Hitze ca. 6 Min. ziehen lassen, dann herausnehmen und nebeneinander auf einen Teller legen. Kürbiskerne hacken. 40 g Butter in einer geeigneten Pfanne erhitzen, Kürbiskerne, Zimt und Zucker zugeben. Die Ravioli einfüllen und allseitig leicht anbräunen. Kürbiskerne dabei nicht verbrennen lassen. Ravioli auf Teller füllen und vor dem Servieren mit einer Mischung von Zimt und Zucker bestreuen.

Kartoffelravioli mit Heidelbeeren, fertig angerichtet

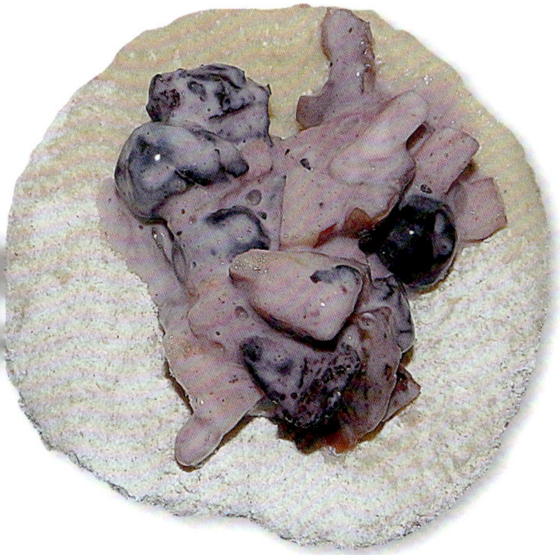

Seelachsfilet mit Heidelbeer-Salsa

Zutaten (für 4 Personen):
150 g Heidelbeeren
600 g Seelachs
200 g Erdbeeren
4 Stängel Koriander
2 Lauchzwiebeln
2 EL Mehl
2 EL Olivenöl
1 TL Agavendicksaft
1 kleine grüne Peperoni
1 EL weißer Balsamico
1 EL Orangensaft
frisch gemahlener schwarzer Pfeffer
Salz
Weißbrot

Heidelbeeren und Erdbeeren waschen, putzen, gut abtropfen lassen und klein schneiden. Koriander waschen, ausschwenken und Blättchen abzupfen. Lauchzwiebeln putzen und fein schneiden. Peperoni waschen, entkernen und klein schneiden. Agavendicksaft, Balsamico, Orangensaft und 1 EL Öl verrühren. Mit Pfeffer und Salz würzen. Korianderblättchen zugeben und vorsichtig gut vermengen. Seelachsfilet waschen und trocken tupfen. Mit Pfeffer und Salz würzen, in Mehl wenden. 1 EL Öl in einer Pfanne erhitzen und den Fisch von beiden Seiten ca. 5 Min. goldbraun braten. Heiß mit der Salsa und dem Weißbrot servieren.

Heidelbeer-Risotto mit Scampi

Zutaten:
250 g Heidelbeeren
800 ml Gemüsebrühe
250 g Scampi (küchenfertig)
200 g Risottoreis
2 EL Olivenöl
1 Zwiebel
1 kleine rote Peperoni
1 Zweig Rosmarin
1 Knoblauchzehe
frisch gemahlener schwarzer Pfeffer
Salz

Heidelbeeren waschen und gut abtropfen lassen. Zwiebel schälen und fein hacken. Peperoni waschen, trocken tupfen, in Ringe schneiden. Rosmarinzweige abbrausen, gut ausschwenken, Nadeln abstreifen. Knoblauch schälen und in dünne Scheiben schneiden. Zwiebel in 1 EL heißem Öl andünsten. Risotto zugeben und kurz mitbraten. 250 ml Brühe aufgießen, Reis muss völlig bedeckt sein. Bei geringer Hitze ca. 20 Min. garen und dabei die restliche Brühe nach und nach zugeben.

Öfters umrühren. Knoblauch, Peperoni und Rosmarin in 1 EL Öl mit den Scampi ca. 4 Minuten braten. Mit Pfeffer und Salz würzen. Heidelbeeren auf dem Risotto ca. 3 Min. warm werden lassen. Zu den Scampi anrichten und servieren.

Hähnchenbrust mit scharfer Heidelbeersoße

Zutaten:
300 g Heidelbeeren
600 g Hähnchenbrust
400 ml Hühnerbrühe
150 ml Öl
150 ml Wasser
50 g Schokolade (mind. 70 %)
3 Knoblauchzehen
25 g getrocknete Parilla-Chilis*/oder Frischware
30 g getrocknete Ancho-Chilis*/oder Frischware
2 TL Honig
1 Zwiebel
1 TL gemahlener Kümmel
1/2 TL Zimt
frisch gemahlener schwarzer Pfeffer
Salz

*Mexikanische Trockenchilies.

Heidelbeeren waschen und gut abtropfen lassen. Das Öl in eine geeignete Pfanne ca. 1 cm hoch einfüllen, erhitzen und die Chilis im Ganzen ca. 3 Min. von jeder Seite anbraten. Hühnerbrühe und Wasser in einem Topf erhitzen. Chilis aus dem Fett nehmen, auf Küchenkrepp abtupfen und zur Brühe geben. Ca. 20 Min. auf kleiner Hitze darin gar köcheln lassen. Zwiebeln schälen und in feine Würfel schneiden. Knoblauchzehe schälen und fein hacken. Kreuzkümmel fein zerstoßen. Öl bis auf die Hälfte aus der Pfanne abgießen, beiseite stellen. Zwiebeln hineingeben und bei geringer Hitze ca. 10 Min. goldbraun anbraten. Umrühren. Knoblauch zugeben und ca. 1 Min. mitbraten, bis auch er goldgelb ist.
Wenn die Chilis weich sind, heraus nehmen und die Stiele entfernen.

Hähnchenbrustfilet mit Heidelbeerfüllung

Danach mit den Heidelbeeren wieder in die Brühe füllen. Hähnchenbrüste abwaschen, trocken tupfen und ebenfalls in den Topf mit der Brühe legen. Mit leicht aufgelegtem Deckel ca. 15 Min. köcheln lassen, bis die Hähnchenbrüste gar sind. Dann das Fleisch herausnehmen und warm stellen. Knoblauch-Zwiebel-Gemisch in die Chili-Heidelbeer-Brühe geben und alles mit dem Pürierstab fein pürieren. Schokolade fein zerbröckeln und in die Soße geben, unter Rühren schmelzen lassen, mit Honig, Kreuzkümmel und Zimt abschmecken. Die gegarten Hähnchenbrüste mit Salz würzen und nun in der Zwiebel-Pfanne, beidseits ca. 2 Min. goldbraun braten. Dann Hähnchenfleisch in Scheiben schneiden und auf die Teller verteilen. Mit dem Soßenspiegel verziert servieren.

Tipp: Dazu Kartoffeln, Kroketten oder Reis servieren.

Hähnchenbrustfilet mit Heidelbeerfüllung

Zutaten:

125 g Heidelbeeren
600 g Hähnchenbrustfilets (4 Stck.)
500 ml Wasser
80 g gehobelte Mandeln
4 TL Rohrzucker
4 Frühlingszwiebeln
2 EL Zuckerrohrschnaps
1 1/2 Limetten
1 Ei
1 EL Frischkäse
1 EL Mehl
1 EL Sonnenblumenöl
1 Scheibe Toastbrot
1 Doppelpackung Delikatesssoße zu Geflügel
Würzmischung für gebratenes Fleisch

Backofen auf ca. 200 °C vorheizen. Heidelbeeren waschen und gut abtropfen lassen, 2 EL davon beiseite stellen. Brot toasten und in Würfel schneiden. Frischkäse und Heidelbeeren pürieren. Hähnchenbrustfilets waschen, trocken tupfen und seitlich Taschen einschneiden. Mit der Würzmischung innen und außen würzen. Heidelbeerfüllung in die Taschen verteilen, verschließen. Ei verquirlen. Filets in Mehl und danach im Ei wenden und mit den Mandeln panieren. Zwiebeln schälen, waschen, trocken tupfen und in Ringe schneiden. Öl in einer Pfanne erhitzen und die Hähnchenbrustfilets beidseits kurz anbraten. Danach in eine Auflaufform geben und im Backofen bei ca. 200 °C ca. 20 Min. lang garen. Zwiebeln im Bratfett anbraten und mit dem Rohrzucker bestreuen, karamellisieren lassen. Wasser zugießen, aufkochen lassen. Delikatesssoße einrühren. Saft von 1 1/2 Limetten auspressen. Soße mit Limettensaft und Zuckerrohrschnaps abschmecken. Nochmals kurz aufkochen lassen und vom Herd ziehen. Die beiseite gestellten Heidelbeeren vor dem Servieren einrühren. Dazu Reis servieren.

Vorbereitete gefüllte Hähnchenbrustfilets

Puten-Geschnetzeltes mit Heidelbeeren

Puten*-Geschnetzeltes mit Heidelbeeren

Zutaten (für 2 Personen):

125 g Heidelbeeren
200 g Putenbrustfilet*
300 ml Wasser
50 ml Schlagsahne
2 EL Sonnenblumenöl
1 rote Paprika
1 rote Zwiebel
1 Beutel Maggi fix & frisch Pfeffer-Rahm-Geschnetzeltes

*Auch Hähnchenbrustfilet oder anderes helles Fleisch kann verwendet werden.

Heidelbeeren waschen und gut abtropfen lassen. Zwiebel schälen, halbieren und in Streifen schneiden. Paprika waschen, trocken tupfen, entkernen, weiße Innenhäute entfernen und in Streifen schneiden. Putenfleisch waschen, trocken tupfen und in Streifen schneiden. Öl in einer Pfanne erhitzen. Fleisch darin braten und danach herausnehmen. Paprika und Zwiebeln in die Pfanne geben und darin anbraten. Sahne und Wasser zugeben. Beutel fix & frisch einrühren und aufkochen lassen. Bei geringer Hitze ca. 5 Min. kochen. Umrühren. Heidelbeeren und Putenstreifen zugeben und heiß werden lassen. Auf Teller anrichten und z. B. mit Nudeln servieren.

Schweinelendchen mit Heidelbeersoße

Zutaten:
250 g Heidelbeeren
500 g Schweinelendchen
150 g Cocktailtomaten
2 Zwiebeln
2 EL Zucker
2 TL Balsamico
1/2 TL Salz
1/4 TL frisch gemahlener schwarzer Pfeffer
Butter
Portwein

Heidelbeeren waschen und gut abtropfen lassen. Cocktailtomaten waschen, trocken tupfen und vierteln. Backofen vorheizen (ca. 180 °C) und Schweinelendchen darin ca. 20 Min. in einem Bräter braten, mehrmals wenden und danach warm halten. Zwiebeln schälen, in Ringe schneiden, in einer Pfanne mit 2 EL Butter anschwitzen. Mit Pfeffer und Salz würzen, golden rösten. Zucker hinzugeben und ca. 3 Min. karamellisieren lassen. Einen Schuss Portwein, Balsamico, die Heidelbeeren und Cocktailtomaten zugeben, vermengen und kurz zum Kochen bringen. Vor dem Servieren die Schweinelendchen in dünne Scheiben schneiden, auf Teller verteilen und mit der Heidelbeersoße dekorativ einen Soßenspiegel auffüllen.

Gefülltes Schweinefilet an getrockneten Heidelbeeren

Zutaten (für 4 Personen):
200 g getrocknete Heidelbeeren
500 g Schweinefilet
125 ml Sahne
4 cl Weinbrand
3 EL Öl
Grillgewürz
Salz

Schweinefilet waschen, trocken tupfen, in Medaillons schneiden und seitlich je eine Tasche hineinschneiden. Taschen mit Heidelbeeren füllen, verschließen, in einer Pfanne ca. 3 Min. im Öl von beiden Seiten anbraten und mit Grillgewürz oder Salz würzen. Mit dem Weinbrand ablöschen und danach die Sahne auffüllen. Soße reduzieren bis sie eine cremige Konsistenz aufweist.

Heidelbeer-Polenta zu Lammhüftsteak

Zutaten:
Heidelbeerpolenta
50 g Heidelbeeren
1 l Wasser
300 g Polenta (Maisgrieß)
200 ml Schlagsahne
Butter
Lauchzwiebeln
4 Lammhüftsteaks
125 ml Rotwein
Lammjus*
Öl
frisch gemahlener schwarzer Pfeffer
Rosmarin
Salz
Thymian

*Stark konzentrierter Lammfond, ungewürzt

Heidelbeeren waschen und gut abtropfen lassen. Lammsteaks waschen, trocken tupfen, mit Pfeffer, Salz und Thymian einreiben, anschließend in etwas Öl in einer Pfanne beidseitig kurz scharf anbraten. Danach alle in eine Kasserolle geben und im vorgeheizten Ofen bei ca. 180 °C ca. 8–9 Min. weiter garen, dann herausnehmen und ruhen lassen. Bratenfond mit dem Rotwein ablöschen, Lammjus und Rosmarin zugeben und etwas reduzieren lassen. Für die Polenta das Wasser mit Pfeffer, Salz und Thymian aufkochen und die Polenta einrühren, ca. 3–4 Min. kochen lassen, bis sie angezogen hat. Heidelbeeren und Schlagsahne hineinrühren, abschmecken. Lauchzwiebeln waschen, trocken tupfen, für ca. 30 Sek. in kochendes Wasser geben, danach in Butter karamellisieren. Lammsteaks auf Tellern anrichten, mit Lauchzwiebeln und Rosmarinblättchen garnieren, Polenta auflegen und servieren.

Heidelbeeren-Angebot

Rinderbraten mit Heidelbeersoße

Zutaten:

200 g Heidelbeeren (Konserve)
500 g Rindfleisch
250 ml Wasser
3 Wacholderbeeren
3 EL Keimöl
1 Zwiebel
1 TL Heidelbeermarmelade
1 Bund Suppengrün
1 Päckchen Bratensoße
frisch gemahlener schwarzer Pfeffer
Salz

Heidelbeeren gut abtropfen lassen, Saft auffangen. Zwiebeln schälen, in Würfel schneiden. Küchenfertiges Suppengrün putzen und in Würfel schneiden. Rindfleisch waschen, trocken tupfen, pfeffern, salzen und mit den zerdrückten Wacholderbeeren einreiben. Danach in einem großen Topf im Keimöl allseitig anbraten. Gemüse zugeben und leicht anrösten. Wasser zugeben. Bei mittlerer Hitze zugedeckt ca. 60 Min. schmoren. Fleisch aus dem Bratenfond nehmen und warm stellen. Bratenfond abmessen und mit dem Heidelbeersaft auf 400 ml auffüllen. Aufkochen und Bratensoße zugeben, gut unterrühren und ca. 1 Min. köcheln lassen. Dann Heidelbeeren zugeben und heiß werden lassen. Soße je nach Geschmack mit Pfeffer und der Heidelbeermarmelade abschmecken. Braten mit heißem Wasser ablöschen, damit er schön zart wird. Auf Teller anrichten, Soßenspiegel bereiten und servieren.

Heidelbeeren-Angebot auf einem Wochenmarkt

Rehsteaks mit Heidelbeersoße

Zutaten:
150 g Heidelbeeren
4 Rehsteaks aus der Keule à 180 g
125 ml süße Sahne
40 g Zucker
20 g Pistazien
6 cl Waldhimbeergeist
1 Zitrone
Butter und Öl zum Anbraten

Heidelbeeren waschen und gut abtropfen lassen. Zitrone waschen, trocken tupfen und etwas Zitronenschale abreiben. Beeren mit Sahne, Zucker und Zitronenabrieb ca. 10 Min. lang köcheln, bis eine sämige Soße entstanden ist. Soße warmstellen. Rehsteaks waschen, trocken tupfen, in Butter und Öl ca. 1 Min. von jeder Seite rosa anbraten. Danach die Rehsteaks anrichten. Waldhimbeergeist zur Soße geben, umrühren und als Soßenspiegel über das Fleisch und die Teller füllen. Pistazien grob hacken, in der Pfanne ohne Fett ca. 2–3 Min. rösten und über die Soße streuen.

Tipp: Dazu passen Mandelkroketten.

Rehrücken mit Heidelbeersoße

Zutaten (für 6–8 Personen):

300 g Heidelbeeren
2 kg Rehrücken
400 ml Wildfond
300 ml Milch
30 g getrocknete Steinpilze
6 alte Brötchen
3 Eier
3 Zwiebeln
2 EL Butter
2 EL Öl
2 EL frisch gehackte Petersilie
1 $^{1}/_{2}$ EL Speisestärke
1 Apfel
1 EL Zucker
frisch gemahlener schwarzer Pfeffer
Salz

Heidelbeeren waschen und gut abtropfen lassen. Zwiebeln schälen und in Würfel schneiden. Apfel schälen, entkernen und in feine Scheiben schneiden. Steinpilze im Wildfond einweichen. Brötchen in dünne Scheiben schneiden und in der angewärmten Milch ca. 20 Min. ziehen lassen. In 1 EL Butter die Hälfte der Zwiebeln andünsten. Steinpilze aus dem Fond nehmen, abtropfen lassen und hacken. Wildfond beiseite stellen. Eier, Petersilie, Pilze und gedünstete Zwiebeln zur Semmelmasse geben. Mit Pfeffer und Salz würzen. Zutaten gut vermengen und 12 Knödel formen. In kochendes Wasser geben und ca. 15 Min. bei mittlerer Hitze ziehen lassen. Herd auf 175 °C vorheizen. Rehrücken abwaschen, trocken tupfen und mit Pfeffer und Salz würzen. In heißem Öl im Bräter mit der Fleischseite nach oben anbraten. Danach ca. 35 Min. bei 175 °C im Backofen garen. Apfelscheiben und Zwiebeln in 1 EL Butter andünsten, Heidelbeeren zugeben. Nach kurzem Andünsten alles aus der Pfanne nehmen, den Wildfond einfüllen und auf die Hälfte reduzieren lassen. Danach Früchte-Zwiebeln wieder dazugeben und ca. 5 Min. köcheln lassen. Speisestärke anrühren. Mit Pfeffer, Salz und Zucker würzen, in den Fond gießen und aufkochen lassen. Rehrücken vom Knochen lösen und in Scheiben schneiden. Fleischscheiben auf Teller verteilen, mit Heidelbeersoße und Knödeln servieren.

Süße Gerichte

Heidelbeeren und Hefeklöße

Hefeklöße mit Heidelbeersoße

Zutaten:
300 g Heidelbeeren
60 g Mandelstifte
50 ml Wasser
1 Packung Hefeklöße (TK)
1 EL gehackte Pistazien
1 TL Speisestärke
$^{1}/_{4}$ TL Zimt
Puderzucker
Zucker

Heidelbeeren waschen und gut abtropfen lassen. Mit dem Wasser aufkochen und ca. 5 Min. bei mittlerer Hitze köcheln. Mandelstifte zugeben. Speisestärke mit wenig Wasser glatt anrühren und zur Soße geben. Umrühren und einmal aufkochen lassen. Mit Zimt und Zucker abschmecken. Die nach Angabe bereiteten Hefeklöße heiß auf die Teller geben und mit der Heidelbeersoße übergießen. Mit Pistazien und Puderzucker garnieren und servieren.

Hefeklöße mit kalter Heidelbeersoße

Hefeklöße mit kalter Heidelbeersoße

Zutaten:

1 Glas Heidelbeeren
2 Becher Sahne
1 Packung Hefeklöße (TK)
Zucker nach Bedarf

Sahne steif schlagen und die Heidelbeeren zugeben. Bei Bedarf mit Zucker abschmecken. Heidelbeersahnesoße in den Kühlschrank stellen.
Hefeklöße nach Vorschrift zubereiten, heiß auf die Teller geben und vor dem Servieren mit der Soße übergießen.

Heidelbeernudeln Pinzgauer Art

Zutaten:
500 ml Heidelbeeren
3 EL Mehl
3 EL Wasser
1 EL Puderzucker
1 Prise Salz

Heidelbeernudeln Pinzgauer Art

Die Heidelbeernudeln heißen auch Moosbö-Nudeln. Dieses Rezept stammt von einem ehemaligen Holzknecht aus dem Pinzgau.

Heidelbeeren waschen, gut abtropfen lassen und mit Mehl und Salz vermengen. 3 EL kochendes Wasser vorsichtig zugeben, bis ein nicht zu weicher Teig entsteht. Das Schmalz in einer Pfanne erhitzen. Nun folgernd ein 1 EL Heidelbeerteig hinein geben, mit dem Löffel etwas flach drücken, beidseitig gut braten. Diese fertigen „Nudeln" vor dem Servieren mit Puderzucker bestreuen.

Heidelbeernudeln Pinzgauer Art

Nusscouscous mit Heidelbeeren

Zutaten:

Couscous

450 ml Milch
200 g Couscous
2 EL gemahlene Haselnüsse
1 Zitrone
1 Prise Salz

Heidelbeersalat

400 g Heidelbeeren
10 Minzblätter
2 EL Birnendicksaft

Zitrone waschen, trocken tupfen und Schale abreiben. Alle Zutaten für den Couscous in einem Topf zum Kochen bringen und ca. 10 Min. quellen lassen. Heidelbeeren waschen und gut abtropfen lassen, bei Bedarf halbieren. 1/2 Zitrone entsaften. Birnendicksaft, Heidelbeeren, Minzblätter und Zitronensaft gut vermischen und in 4 Schalen verteilen. Couscous abkühlen lassen, oben auf die Heidelbeeren füllen und servieren.

Heidelbeergetzen
(Erzgebirgisches Rezept)

Zutaten:

1 kg Heidelbeeren
750 ml Milch
500 g Mehl
100 g Schmalz
4 Eier
4 EL Mineralwasser
Salz
Zimt
Zucker

Heidelbeeren waschen und gut abtropfen lassen. Aus Eiern, Milch, Mehl, Mineralwasser und einer Prise Salz einen dicken Eierkuchenteig (Getzenmasse) bereiten.
In einer Pfanne das Schmalz erhitzen und die Getzenmasse ca. 1 cm hoch gleichmäßig einfüllen. Heidelbeeren auf diesen Teig verteilen. Im vorgeheizten Backofen ca. 30 Min. backen. Der Getzenteig sollte gut durchgebacken und am Rande bereits ein wenig knusprig sein. Vor dem Servieren, noch warm, mit Zucker oder mit einem Zimt-Zucker-Gemisch bestreuen.

Heidelbeersterz mit Dip

Zutaten:
250 g Heidelbeeren
50 g Mehl (Sterzmehl)
1 Ei
1 Prise Salz
Staubzucker

Heidelbeeren waschen und gut abtropfen lassen. Heidelbeeren zerdrücken und mit allen Zutaten vermischen. In heißem Butterschmalz bei mäßiger Hitze langsam anbraten und wenden. Den Sterz herausnehmen und vor dem Verzehr mit Staubzucker bestreuen.

Tipp: Schmeckt gut mit einem Sauerrahm-Zucker-Zimt-Gemisch.

Heidelbeer-Schmarrn

Zutaten:
200 g Heidelbeeren
120 ml Milch
80 g Mehl
40 g Butter
40 g Zucker
20 ml Heidelbeergeist
4 Eigelb
2 Eiweiß
1 Päckchen Vanillezucker
1 EL Honig
1 EL geriebene Zitronenschale
Salz

Heidelbeeren waschen und gut abtropfen lassen. Honig, Mehl und Milch in einer Schüssel gut verrühren. Die Eigelbe unterheben und mit Salz und Zitronenschale würzen. Heidelbeergeist und Vanillezucker unterrühren. Eiweiße und 20 g Zucker steif schlagen und unter den Teig heben. 20 g Butter in einer Pfanne erhitzen und die Heidelbeeren darin ganz kurz wenden bis sie Glanz annehmen. Dann den Schmarrnteig darüber füllen und leicht verrühren. Wenige Minuten garen lassen, bis sich der Teig vom Pfannenboden löst. Danach den Teig in vier Teile trennen und wenden. An einer Pfannenseite die restlichen 20 g Butter erhitzen, 20 g Zucker zugeben und ihn karamellisieren. Unter dem Schmarrn verteilen und dann sofort heiß servieren.

Reisauflauf mit Heidelbeeren

Zutaten (für 4 Personen):
300 g frische oder TK Heidelbeeren
1 l Milch
250 g Milchreis
250 g Quark
100 g Zucker
70 g Butter
2 Eier

Heidelbeeren waschen und gut abtropfen lassen. Milch aufkochen, Reis zugeben und auf kleiner Flamme gar kochen, anschließend abkühlen lassen. Die zimmerwarme, gut knetbare Butter und den Zucker schaumig rühren, Eier und Quark zufügen und gut vermengen. Backofen auf 200 °C vorheizen. Milchreis und Quarkmasse vermengen. Die Hälfte davon in eine Auflaufform füllen. Die Heidelbeeren darauf verteilen, nicht verrühren.
Den Rest des Milchreises glatt auf die Heidelbeeren streichen und den Auflauf im Backofen bei ca. 200 °C ca. 45 Min. goldgelb backen.

Tipp: Kalt als Dessert und warm als Hauptgericht servieren.

Leckerer leichter Schmarrn

Heidelbeer-Gratin

Zutaten:

300 g Heidelbeeren
200 g saure Sahne
150 g Zwieback
100 g Sahne
100 g flüssiger Honig
50 ml Milch
3 Eier
2 Päckchen Vanillezucker
$^1/_2$ TL Zimt

Backofen auf ca. 160 °C vorheizen. Heidelbeeren waschen und gut abtropfen lassen. Auflaufform einfetten.
75 g Zwieback in die Form bröseln und 250 g Heidelbeeren obenauf verteilen. Eier trennen, Eiweiß steif schlagen. Eigelbe mit 80 g Honig, Sahne und Vanillezucker verquirlen. Eischnee darunter heben, Menge halbieren. Eine Hälfte über die Zutaten in der Auflaufform füllen. Restlichen Zwieback darauf bröseln und mit der weiteren Eischneemasse abdecken. Form im Backofen bei ca. 160 °C 15 Min. lang anbacken. Resthonig mit der sauren Sahne und dem Zimt glatt verrühren. Auflaufform nur kurz heraus ziehen, Honig-Zimt-Creme obenauf verteilen und die restlichen Heidelbeeren darauf geben. Sofort wieder in den heißen Ofen schieben und ca. 5 Min. fertig backen. Heiß servieren.

Heidelbeeren

Heidelbeer-Tofu-Auflauf, vegetarisch

Zutaten:
300 g Heidelbeeren
250 g Tofu
200 g Crème fraîche
60 g Semmelbrösel
50 g Rohrzucker
50 g Butter
50 g ungeschälter Sesam
4 Eier
1 Zitrone
Salz

Heidelbeeren waschen und gut abtropfen lassen. Zitrone waschen, trocken tupfen und die Schale abreiben. Zitrone halbieren und eine Hälfte auspressen. Crème fraîche und Tofu im Mixer mischen. 1 TL Butter in einer Pfanne erhitzen, die Sesamsamen darin rösten, beiseite stellen. Eier trennen. Restliche Butter erhitzen und mit dem Rohrzucker schmelzen, die Eigelbe zugeben und gut umrühren. Saft und Schale der Zitrone unter das Tofugemisch mengen. Eiweiß mit 1 Prise Salz schlagen und die Heidelbeeren, Semmelbrösel, Sesamsamen und das Tofugemisch vorsichtig hinein heben. Auflaufform mit Semmelbrösel bestreuen und Mischung einfüllen. Im vorgeheizten Backofen bei ca. 180 °C ca. 60 Min. backen.

Heidelbeer-Quiche

Zutaten:
250 g Mehl
3 EL Wasser
1 Prise Salz
3 Eier
125 g + 2 EL Zucker
100 g Butter
500 g frische Heidelbeeren
350 ml Milch
250 g Mascarpone

Heidelbeeren waschen und gut abtropfen lassen. Backofen auf ca. 200 °C vorheizen.

Teig: Die zimmerwarme Butter mit Eiern, Mehl, Salz und 2 EL Zucker unter Zugabe von wenig Wasser zu einem geschmeidigen, aber festen Mürbeteig verkneten.

Reifende Kulturheidelbeeren

Im Kühlschrank ca. 30 Min. ruhen lassen. Teig auf einer bemehlten Platte ausrollen und die gut ausgebutterte Quicheform damit auslegen. Teig mehrmals mit einer Gabel einstechen. Quiche bei ca. 200 °C ca. 8–10 Min. vorbacken.

Füllung: Mascarpone mit 2 Eigelb, 125 g Zucker und Milch glatt verrühren und gleichmäßig auf den vorgebackenen Mürbeteig verteilen. Heidelbeeren darauf verteilen. Im Backofen bei ca. 200 °C ca. 35 Min. goldbraun fertig backen.

Desserts

Heidelbeerobstsalat

Zutaten:

150 g Heidelbeeren
200 g Erdbeeren
4 EL brauner Zucker
3 Kiwis
2 Bananen
2 Zitronen
$^1/_2$ Honigmelone
Minzeblätter

Heidelbeeren waschen und gut abtropfen lassen. Zitronen waschen, trocken tupfen und Saft auspressen. Erdbeeren waschen, trocken tupfen und in dünne Scheiben schneiden. Bananen und Kiwis schälen, in kleine Stücke schneiden. Honigmelone entkernen und mit einem Pariser Ausstecher kleine Bällchen ausstechen. Zitronensaft und 3 EL braunen Zucker verrühren. Bananen, Heidelbeeren und Kiwis vermengen und mit der Zitronen-Zucker-Mischung beträufeln. Kugeln der Honigmelone und Erdbeerscheiben unter den Obstsalat heben, ca. 30 Min. in den Kühlschrank stellen. Kurz vor dem Servieren mit einigen Minzeblättern und einer Prise braunem Zucker garnieren.

Heidelbeeren mit Quark

Zutaten:

600 g Heidelbeeren
250 g Quark
125 ml Sahne
30 g Zucker
4 EL Eierlikör
1 Päckchen Vanillezucker
1 Zitrone

Heidelbeeren waschen und gut abtropfen lassen. Zitrone waschen, trocken tupfen, halbieren und eine Hälfte auspressen. Sahne steif schlagen. Quark, Zitronensaft, Zucker und Vanillezucker glattrühren. Sahne – etwas Sahne für die Garnitur beiseite stellen – unter den Quark heben und die Masse auf 4 Schalen verteilen. Heidelbeeren in vier gleichgroße Portionen teilen und in die Schalen geben. Restliche Sahne obenauf spritzen und mit je 1 EL Eierlikör garnieren.

Heidelbeergrütze mit Schlagsahne

Heidelbeergrütze

Zutaten:

450 g Heidelbeeren
300 g Brombeeren
250 g Sahne
180 g Rote Grütze (Fertigprodukt)
5 TL Zuckerträume mit Zimtgeschmack
1 Päckchen Sahnesteif

Früchte waschen, gut abtropfen lassen und die Hälfte davon mit der Roten Grütze im Mixbecher ca. 15 Sek. fein pürieren. Restliche Früchte unterheben und ca. 15 Min. ziehen lassen. Sahne mit Sahnesteif und Zuckerträume-Zimt steif schlagen. Grütze in Schalen füllen, mit der Sahne garnieren und servieren.

Tipp: Auf Vanilleeis anrichten.

Heidelbeerschichtdessert

Zutaten:
1 Glas Heidelbeeren (580 g)
500 ml Vollmilch
200 g Saure Sahne
5 EL Roh-Rohrzucker
3 EL Speisestärke
1 Päckchen Sahnepuddingpulver
Waffeln

Heidelbeeren im Sieb abtropfen lassen, Saft auffangen. Einige EL Saft mit der Speisestärke und 1 EL Zucker glatt verrühren. Restlichen Saft aufkochen, Stärke einrühren und nochmals kurz aufkochen lassen. Heidelbeeren zugeben und kalt stellen. Puddingpulver mit etwas Milch und dem restlichen Zucker verquirlen, danach in die kochende Milch einrühren. Kurz aufkochen lassen und auch kalt stellen, mit Frischhaltefolie abdecken, damit sich keine Haut bildet. Saure Sahne unter den kalten Pudding heben und schichtweise abwechselnd mit der kalten Heidelbeermasse in Gläser füllen. Vor dem Servieren mit knusprigen Waffeln garnieren.

Ein schnelles, leckeres Dessert – Vanilleeis mit Heidelbeeren.

Heidelbeereis

Zutaten:
300 g Heidelbeeren (auch TK)
80 g Cashewmus (Fertigprodukt)
60 ml Ahornsirup
1 Banane
1 Limette

Limette waschen, trocken reiben, von einer halben Limette die Schale in Zesten schälen und beiseite stellen. Alle Zutaten, außer Banane, mit einem Pürierstab mixen und dann ca. 30 Min. einfrieren. Banane schälen und in Scheiben schneiden. Eis aus dem Tiefkühlschrank nehmen, in Kugeln in Gläser füllen. Mit den Bananenscheiben und Zesten der Limette garnieren. Vor dem Servieren mit etwas Ahornsirup verzieren.

Heidelbeereis mit Quark

Zutaten:
350 g Heidelbeeren
250 g Fruchteiszauber (Fertigprodukt)
150 g Quark

Heidelbeeren waschen und gut abtropfen lassen. Alle Zutaten in ein hohes Gefäß geben und mit einem Pürierstab ca. 3 Min. schaumig schlagen – es entsteht ein feiner, cremiger Schaum. Mischung in Gefrierbehälter umfüllen und ca. 5–8 Std. einfrieren.

Kuchen, Plätzchen und Brot

Heidelbeer-Muffins

Zutaten (für 12 Stück):
175 g Heidelbeeren
200 g Mehl
125 g Puderzucker
125 g Zucker
100 ml + 2 EL Orangenlimonade
75 ml Öl
3 Eier
1 Päckchen Vanillezucker
1 Prise Salz
Päckchen Backpulver
12 Muffinförmchen

Heidelbeeren waschen, verlesen und gut abtropfen lassen. Eier, Salz, Vanillezucker und Zucker schaumig rühren. Backpulver und Mehl vermengen. Im Wechsel Limonade und Öl untermischen. Förmchen auslegen und den Teig einfüllen. Beeren obenauf verteilen. Im vorgeheizten Backofen bei ca. 175 °C ca. 20 Min. backen. Blech herausnehmen und auf einem Gitter ca. 30 Min. abkühlen lassen. 2 EL Orangenlimonade und Puderzucker glatt verrühren. Muffins mit diesem Guss verzieren. Wenn der Guss fest ist, kann serviert werden.

Blaubeermuffins

Heidelbeer-Strudel

Zutaten:

400 g Heidelbeeren
300 g Sahnequark
50 g Butter
50 ml Milch
6 EL Zucker
6 Blätter Strudelteig (TK)
4 Scheiben Toastbrot
3 Eier
1 Vanilleschote
1 Päckchen Vanillezucker
1 EL Wasser

Heidelbeeren waschen und gut abtropfen lassen. Toastbrot entrinden und in kleine Würfel schneiden. $^1/_2$ Vanilleschote auskratzen und mit der Milch aufkochen, heiß über die Brotwürfel gießen. Ca. 10 Min. ruhen lassen. Eier trennen. Eiweiß und Vanillezucker sehr steif schlagen. Eigelbe mit 3 EL Zucker und 1 EL Wasser cremig schlagen. Sahnequark und Zucker aufschlagen und die Toastbrotwürfel hineinrühren. Das geschlagene Eigelb und Eiweiß unter die Toastbrotmasse heben. Jedes Blatt Strudelteig auf ein Arbeitsbrett legen und ganz mit flüssiger Butter einpinseln. Eine kleine Kelle der Quarkmasse auf ein Ende des Blattes geben und 2 EL Heidelbeeren obenauf. Seiten einschlagen und den Blätterteig einrollen. Die Seiten und weitere Öffnungen lassen sich mit einer Gabel gut andrücken. Alle 6 fertigen Strudel auf ein flaches Backblech legen. Die Naht der Strudel zeigt dabei nach unten. Alle Strudel nochmals mit Butter einpinseln. Im vorgeheizten Backofen bei ca. 180 °C ca. 25 Min. lang goldgelb backen. Mit Puderzucker bestreuen und servieren.

Zubereiten des Heidelbeer-Strudels

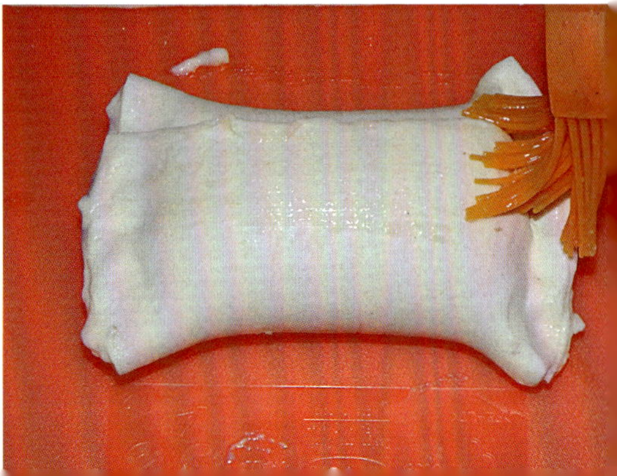

Heidelbeer-Strudel, fertig gebacken

Heidelbeer-Tartelettes

Zutaten:
150 g Heidelbeeren
250 ml Milch
1 Packung Ruck-Zuck
Blätterteig (quadratisch)
110 g Zucker
50 ml Wasser
50 ml Weißwein
30 g Zucker
30 g Butter
20 g Speisestärke
10 g Puderzucker
3 Eigelb
Zesten von 1 Orange
1 1/2 Blatt Gelatine
1 Vanillestange

Die 50 ml Milch mit 1 Eigelb, Speisestärke und 80 g Zucker verrühren. Butter in kleine Stücke schneiden und kalt stellen. Vanillestange aufschlitzen und Mark herauskratzen. Vanilleschale, Vanillemark und restliche Milch aufkochen, durch ein Sieb gießen und Milch zurück auf den Herd stellen. Speisestärkemischung und Vanillemilch zusammengießen und die Creme aufkochen, dicklich werden lassen. Creme mit der kalten Butter anrühren, mit Folie abdecken (damit sich keine Haut bildet) und auskühlen lassen.

Blätterteig laut Backanleitung vorbereiten. Mit den Eigelben der 2 Eier einpinseln. Mit einer Gabel kleine Löcher in die Blätterteigscheiben stechen. Auf jede Scheibe 1 EL Vanillecreme füllen. Früchte waschen, gut abtropfen lassen und auf der Vanillecreme verteilen. Die Tarteletts im vorgeheizten Backofen bei 180 °C ca. 12–15 Min. goldbraun backen und auskühlen lassen. 30 g Zucker mit Wasser und Weißwein aufkochen. Die eingeweichte Gelatine darin auflösen und abkühlen lassen. Beeren mit dieser Glasur beträufeln. Das Gebäck bleibt schön frisch und glänzt verführerisch. Mit Puderzucker leicht bestäuben und ein Stück Orangenzeste als Garnitur obenauf legen.

Tartelette vor dem Backen

Heidelbeer-Tartelettes, servierfertig

Brotpudding mit Heidelbeeren

Zutaten:
280 g Heidelbeeren
280 g Himbeeren
150 g Sahne
320 ml fettarme Milch
50 g Zucker
2 Eier
3 Eiweiß
1 TL Öl
1 TL Vanilleextrakt
$^1/_4$ TL Salz
8 Scheiben Vollkorntoast

Eier, Eiweiße, Milch, Sahne, Salz, Vanille und 3 EL Zucker gut vermengen. Backform mit Öl einfetten. 4 Toast in eine Puddingform legen und die halbe Eimischung darüber verteilen. Wieder vier Toasts auflegen und den Rest der Mischung darüber geben. Ca. 20 Min. stehen lassen. Backofen auf 175 °C vorheizen. Die Form in eine größere mit Wasser gefüllte Backform setzen, die Puddingform sollte in halber Höhe im Wasser stehen. Im Ofen ca. 40 Min. goldgelb backen. Die gewaschenen und gut abgetropften Heidel- und Himbeeren mit 1 EL Zucker vermengen, über den noch handwarmen Brotpudding geben und sofort servieren.

Heidelbeer-Marzipan-Kuchen

Zutaten:
600 g Heidelbeeren (auch TK)
150 g Butter
100 g Marzipanrohmasse
30 g angeröstete Mandelblättchen
3 Eier
1 Pack. Nusskuchenbackmischung
Fett fürs Backblech

Heidelbeeren waschen und gut abtropfen lassen. Marzipan reiben. Die zimmerwarme, gut knetbare Butter, die Eier und die Backmischung ca. 3 Min. lang zu einem glatten Teig verkneten. Marzipan unterheben. Backblech einfetten und Teig darauf legen. Heidelbeeren obenauf verteilen. Im vorgeheizten Backofen bei ca. 180 °C ca. 30 Min. backen lassen. Auf dem Kuchenrost auskühlen lassen. Glasur (aus der Backmischung) mit 2 EL heißem Wasser anrühren. In feinen Streifen den Kuchen damit verzieren. Mandelblättchen obenauf streuen. Servieren.

Heidelbeerkuchen

Zutaten:
600 g Heidelbeeren
140 g Semmelbrösel
140 g Zucker
3 Eier
1 EL Rum
1 TL Stärkemehl
1 Päckchen Vanillezucker
1 Prise Salz
$^1/_2$ Päckchen Backpulver
Nelkenpulver
Zimt
Zucker
Garnitur:
40 g Zucker
4 Eiweiß

Heidelbeeren waschen und gut abtropfen lassen. Eier trennen. Eigelb, Salz, Vanillezucker und Zucker gut verrühren. Backpulver, Rum und Semmelbrösel zugeben und vermengen. 3 Eiweiße mit $^1/_2$ TL Zucker zu steifem Schnee schlagen und unter die Teigmasse heben. Springform einfetten und mit der Masse gleichmäßig füllen. Im vorgeheizten Backofen bei mittlerer Hitze ca. 20 Min. backen. Heidelbeeren zum Kochen aufsetzen. Stärkemehl mit wenig Wasser anrühren und die Heidelbeeren damit binden. Auskühlen lassen. Heidelbeeren auf den Kuchen verteilen. Die 4 Eiweiße mit Zucker steif schlagen und obenauf verteilen. Nochmals kurz in den Backofen geben bis das Eiweiß goldgelb schimmert.

Heidelbeerhefekuchen, servierfertig

Heidelbeer-Hefekuchen

Zutaten:
Teig
450 g Mehl
200 ml Milch
80 g Zucker
2 Päckchen Trockenbackhefe
2 Eier
Belag
500 g Heidelbeeren (TK)
100 g Marzipanrohmasse
75 g Butter
Streusel
150 g Mehl
80 g Butter
75 g Zucker
Puderzucker zum Bestäuben

Backhefe, Mehl und Zucker vermengen. Butter, Eier und Milch zugeben. Zu einem glatten Teig, am besten mit einem Handrührgerät, vermengen. Teig abdecken und ca. 60 Min. gehen lassen. Marzipan in kleine Stücke teilen. Die weiche Butter cremig rühren, Marzipanstückchen zugeben und eine spritzfähige Masse bereiten. In einen Spritzbeutel mit großer Lochtülle füllen. Backblech mit Backpapier auslegen und Hefeteig darauf ausrollen. Teig weitere ca. 15 Min. gehen lassen.

Im Abstand von ca. 5 cm kleine Mulden in den Teig drücken und mit Marzipanmasse füllen. Heidelbeeren darauf verteilen. Butter, Mehl und Zucker zu Streuseln verarbeiten und über die Heidelbeeren krümeln. Im vorgeheizten Backofen den Heidelbeerkuchen bei ca. 200 °C ca. 20–25 Min. backen. Vor dem Servieren mit Puderzucker bestäuben.

Heidelbeer-Plätzchen

Zutaten:
500 g Heidelbeeren
125 ml Sahne
4 Eier
4 EL Ahornsirup
3 EL Vollkorndinkelmehl
gemahlener Zimt

Heidelbeeren waschen, gut abtropfen lassen, mit den Eiern und dem Mehl vermischen. Dann die Sahne, den Sirup und den Zimt untermengen und danach ca. 30 Min. im Kühlschrank ziehen lassen. Butter in einer Pfanne schmelzen. Folgernd 3 EL von dem Teig in die Pfanne geben und beidseits goldgelb backen. Die fertigen Plätzchen mit Sahne und Zimt garnieren.

Heidelbeerbrot

Zutaten:
1 Packung Brotteig (Fertigprodukt)
200 g getrocknete Heidelbeeren

Brotteig nach der Gebrauchsanleitung zubereiten. Bei letzten Durchkneten die trockenen Heidelbeeren gleichmäßig einarbeiten. Nach Vorgabe fertig backen.

Heidelbeerbrötchen

Zutaten:
1 Packung Brotteig (Fertigprodukt)
200 g getrocknete Heidelbeeren

Den Hefeteig nach Gebrauchsanleitung vorbereiten und zu kleinen Brötchen formen. In diese Rohlinge je 1 TL Heidelbeeren mittig einarbeiten. Kurz ruhen lassen, mit Wasser bepinseln und die Brötchen danach goldgelb backen.

Getrocknete Heidelbeeren für Brötchenteig

Polnisches Heidelbeerbrötchen

Süße Heidelbeerbrötchen

Zutaten:

1 Packung Hefeteig für Kuchen/oder Brötchen (TK)
Heidelbeermarmelade
2 EL Zucker

Hefeteig nach Anleitung vorbereiten, den Zucker dabei einarbeiten. Dann zu Brötchen formen und mit der Spritztüte Marmeladenkleckse hineinfüllen. Löcher verschließen, die Brötchen mit Wasser bestreichen und goldgelb backen.

Marmelade, Konfitüre und Gelee

Heidelbeermarmelade mit Nelken

Zutaten:
500 g Heidelbeeren
500 g Gelierzucker 2:1
6 Gewürznelken
2 Orangen
1 TL Zimt

Orangen heiß abwaschen, trocken tupfen, in dünne Scheiben schneiden, dann vierteln. In wenig Wasser kochen, bis die Orangenschale weich ist. Gelierzucker, Heidelbeeren, Orangescheiben und Zimt vermischen. Nelken in einem Gewürzsäckchen zugeben und zum Kochen bringen, Umrühren nicht vergessen. 4 Min. sprudelnd kochen lassen. Gewürzsäckchen herausnehmen. Nach der Gelierprobe Marmelade heiß in Gläser füllen, sofort verschließen und kopfüber zum Abkühlen aufstellen.

Heidelbeertöpfchen

Heidelbeere, fein veredelt

Heidelbeermarmelade mit Zimt

Zutaten:

1 kg Heidelbeeren
1 kg Gelierzucker 1:1
8 Zimtstangen
2 EL Zucker

Heidelbeeren waschen und gut abtropfen lassen. 500 g Heidelbeeren zerdrücken, die anderen 500 g ganz lassen. Alle Heidelbeeren mit 500 g Gelierzucker vermengen und auf dem Herd aufkochen lassen. Rühren nicht vergessen. Zimtstangen und den Rest des Zuckers zugeben. 4 Min. weiter kochen. Nach der Gelierprobe heiß in Gläser füllen. Je Glas ein Stück Zimtstange beigeben. Gläser sofort fest verschließen und kopfüber zum Abkühlen aufstellen.

Heidelbeermarmelade, roh gerührt

Zutaten:

500 g Heidelbeeren
250 g Gelierzucker 2:1
1 Zitrone
1 Päckchen Vanillezucker
1 Prise Nelkenpulver

Zitrone waschen, trocken reiben. Schale fein abreiben, dann auspressen. Heidelbeeren waschen und gut abtropfen lassen. Alle Zutaten miteinander vermengen und mit dem Pürierstab ca. 15 Min. pürieren, bis sich der Zucker aufgelöst hat. Marmelade in Gläser füllen und bis zum Verzehr im Kühlschrank aufbewahren.

Heidelbeerkonfitüre mit Koriander

Zutaten:

1 kg Heidelbeeren
1 kg Gelierzucker 1:1
1 Zitrone
$^1/_4$ TL gemahlener Koriander

Heidelbeeren waschen, gut abtropfen lassen und leicht zerdrücken. Zitrone waschen, trocken reiben und auspressen. Alle Zutaten vermischen und ca. 3–4 Stunden zugedeckt durchziehen lassen. Masse aufkochen und ca. 4 Min. sprudelnd kochen lassen. Nach der Gelierprobe heiß in Gläser füllen, sofort fest verschließen und zum Abkühlen kopfüber aufstellen.

Heidelbeerkonfitüre mit Himbeeren und Rosmarin

Zutaten:

500 g Heidelbeeren
300 g Himbeeren
500 g Gelierzucker 2:1
1 Zitrone
1 TL getrockneten Rosmarin

Heidelbeeren und Himbeeren waschen, gut abtropfen lassen. Heidelbeeren mit ein wenig Wasser zu Mus kochen. Rosmarin im Mörser fein zerreiben. Zitrone waschen, trocken tupfen auspressen und Saft beiseite stellen. Alle Zutaten in einen Topf geben und aufkochen, weitere 4 Min. unter Rühren kochen lassen. Schaum abschöpfen. Nach der Gelierprobe Masse heiß in Gläser füllen, sofort fest verschließen und kopfüber zum Abkühlen abstellen.

Heidelbeergelee

Zutaten:
750 g Heidelbeeren
500 g Zucker
500 ml Wasser
1 Päckchen Gelierpulver

Heidelbeeren waschen und gut abtropfen lassen. Heidelbeeren ins Wasser geben und Saft kochen. Saft ablaufen lassen und mit dem Gelierpulver verrühren, zum Kochen bringen, Zucker einrühren und ca. 1 Min. sprudelnd kochen. Gelierprobe. Heiß in Gläser füllen, sofort fest verschließen und kopfüber zum Abkühlen auf den Kopf stellen.

Heidelbeer-Gsälz*

Zutaten:
750 g Heidelbeeren
350 g Zucker
2 Prisen gemahlener Zimt

Heidelbeeren waschen und gut abtropfen lassen. Heidelbeeren und Zucker in einem Topf einige Male aufkochen lassen. Rühren nicht vergessen. Zimt zugeben und gut verrühren. Gelierprobe. Heiß in Gläser füllen und sofort fest verschließen. Zum Abkühlen kopfüber aufstellen.

*Schwäbisch für „Brotaufstrich“

Heidelbeerfrucht - aufstrich (kalt)

Zutaten:
250 g Heidelbeeren (auch TK)
200 g 1-2-3-Fruchtaufstrich
1 EL Schwarzer Wodka

Heidelbeeren waschen und gut abtropfen lassen. Alle Zutaten in einem hohen Gefäß ca. 45 Sek. mit dem Pürierstab pürieren. Aufstrich in Gläser füllen, fest verschließen und bis zum Verzehr im Kühlschrank lagern.

Toast mit Heidelbeer-Fruchtaufstrich

Saft, Sirup, Likör und Spirituosen

Heidelbeersaft

Zutaten:
1 kg Heidelbeeren
1 kg Zucker
500 ml Wasser
2–4 TL Zitronensäure

Heidelbeeren waschen und gut abtropfen lassen. Heidelbeeren, Wasser und Zucker vermengen und etwa. 3 Tage kühl stellen. Danach Abseihen und den Saft mit der Zitronensäure aufkochen. Sofort heiß in Flaschen füllen und fest verschließen.

Heidelbeersirup

Zutaten:
450 g Heidelbeeren
450 g Zucker
150 ml Wasser
40 ml Zitronensaft

Heidelbeeren waschen, gut abtropfen lassen und pürieren. Heidelbeerpüree, Wasser und Zucker für ca. 30 Min. auf dem Herd köcheln lassen. Öfters umrühren. Topf vom Herd nehmen und Zitronensaft unterrühren. Masse durch ein feines Sieb gießen, den Saft heiß in Flaschen füllen und verschließen.

Es gibt auch fertigen Blaubeersaft und Sirup.

Heidelbeer-Pekannuss-Sirup

Zutaten:
50 g Heidelbeeren
50 g Pekannüsse
100 ml Orangensaft
20 g Butter
3 EL Honig
3 EL brauner Zucker
1 Päckchen Gelierpulver

Heidelbeeren waschen und gut abtropfen lassen. Nüsse klein hacken. In einer Pfanne die Butter erhitzen, Nüsse zugeben und rösten. Zucker einstreuen und karamellisieren lassen. Orangensaft und Honig einrühren und bei mittlerer Hitze sirupartig einkochen. Heidelbeeren untermischen, kurz aufkochen lassen, dann abfüllen.

Heidelbeerlikör

Zutaten:
200 g Heidelbeeren
700 ml Korn
175 g braunen Kandis
4 Nelken
1 Zimtstange

Heidelbeeren waschen und gut abtropfen lassen. Zimtstange halbieren. Geeignete große Flasche mit Zimt, Kandiszucker und Nelken bestücken. Heidelbeeren randvoll einfüllen. Die Flasche mit Korn auffüllen, fest verschließen und kühl stellen. In den nächsten 6 Wochen die Flasche ab und zu leicht schütteln und drehen.

Heidelbeeren in Alkohol

Zutaten:
500 g Heidelbeeren
500 ml Rotwein
250 g Zucker
250 ml Curacao

Heidelbeeren waschen und gut abtropfen lassen. Mit dem Zucker vermischen und in ein großes Glas füllen. Curacao und Rotwein darüber gießen, Glas sofort verschließen. Vier Wochen ziehen lassen. Einmal pro Woche drehen. Nach 3 Monaten sollten die Heidelbeeren verbraucht sein.

Tipp: Schmecken gut über Eis, Vanillepudding oder Joghurt.

Rumtopf

Zutaten:
150 g Heidelbeeren
800 g Zucker
600 ml Wasser
100 g Brombeeren
100 g mittelgroße Erdbeeren
100 g Himbeeren
200 ml Rum
Läuterzucker*

*Läuterzucker: 800 g Zucker in 600 ml Wasser aufkochen und abkühlen lassen.

Rumtopf

Alle Beeren werden im tiefgefrorenen Zustand verarbeitet.

Beeren miteinander vermischen und in einen Topf geben. Läuterzucker und Rum vermischen, auf die Beeren gießen. In den Kühlschrank stellen. Die Beeren saugen sich beim langsamen Auftauen mit dem Rum voll.

Dann in Cocktailgläser füllen, mit halbgeschlagener Sahne garnieren und servieren.

Chutney, Essig, Butter und Senf

Heidelbeeren waschen, trocken tupfen und Verlesen. Schalotten schälen und fein hacken. Thymian waschen, ausschwenken und Blättchen abzupfen. Öl in einem Topf erhitzen, Schalottenwürfel glasig dünsten. Pfeffer- und Pimentkörner zerstoßen und zusammen mit den Heidelbeeren und Thymianblättchen zu den Schalotten geben. Alles zusammen aufkochen, danach mit Balsamico und Ahornsirup ablöschen und die Masse auf ca. die Hälfte einköcheln lassen. Mit Pfeffer und Salz abschmecken.

Heidelbeer-Chutney

Zutaten:

1500 g Heidelbeeren
200 g Schalotten
100 ml Ahornsirup
50 ml Aceto balsamico
3 EL Thymianblättchen
3 schwarze Pfefferkörner
3 Pimentkörner
2 EL Olivenöl
frisch gemahlener schwarzer Pfeffer
Salz

Tipp: Das fruchtige Heidelbeer-Chutney passt zu Geflügel und Wild.

Heidelbeer-Chutney

Heidelbeer-Apfel-Chutney

Zutaten:
500 g Heidelbeeren
500 g säuerliche Äpfel
350 g Zucker
300 g Zwiebeln
300 ml Apfelessig
2 EL ÖL
2 Lorbeerblätter
1 TL Salz
1 TL bunte Pfefferkörner
1 TL frischen Thymian
1 TL frischen Ingwer
1 Msp. Cayennepfeffer

Heidelbeeren waschen und gut abtropfen lassen. Äpfel schälen, Kerngehäuse entfernen, Fruchtfleisch in kleine Würfel schneiden. Kräuter fein hacken, Ingwer reiben. Zwiebeln schälen und fein hacken, im heißen Öl anschwitzen. Darin ein Drittel des Zuckers karamellisieren und mit dem Apfelessig ablöschen. Äpfel, Lorbeerblätter, Pfefferkörner und Thymian zugeben. Mit Salz abschmecken. Heidelbeeren einfüllen, restlichen Zucker dazu geben und bei geringer Hitze ca. 30 Min. einkochen lassen, bis die Masse dicklich ist. Zuletzt Ingwer zugeben und noch etwas durchziehen lassen.

Tipp: Passt zu Gegrilltem.

Heidelbeeressig

Zutaten:
150 g Heidelbeeren
300 ml Weißweinessig

Heidelbeeren waschen und gut abtropfen lassen. Früchte zerdrücken und in ein Schraubglas füllen, Weißweinessig zugießen und fest verschließen. Mehrmals schütteln. Etwa 3 Tage an einem kühlen dunklen Ort durchziehen lassen. Danach durch ein Sieb seihen und nur die Flüssigkeit kurz aufkochen. Schaum abschöpfen. Essig durch einen Kaffeefilter in eine Flasche füllen und verschließen.

Heidelbeeressig und Heidelbeeröl

Heidelbeer-
Essig / ÖL
Heidelbeer
Essig
250ml
Heidelbeer
Öl
250ml

Heidelbeer-Wacholder-Essig

Zutaten:
100 g Waldheidelbeeren
40 g getrocknete Wacholderbeeren
1 l Weißweinessig
15 g Waldhonig

Wenig Essig erwärmen und den Honig darin auflösen. Heidelbeeren waschen und gut abtropfen lassen, leicht zerstoßen. Wacholderbeeren grob zerstoßen und mit allen Zutaten vermengen. In ein verschließbares Gefäß füllen und ca. 4 Wochen ziehen lassen. Öfter, möglichst täglich, einmal kurz schütteln. Nach dieser Zeit hat sich das Aroma gut entwickelt und der Essig eine dunkle Farbe bekommen. Abseihen, den Essig in Flaschen füllen und verschließen.

Heidelbeeren in Rotweinessig

Zutaten:
1 kg Heidelbeeren
500 ml Rotweinessig
400 g Brauner Zucker
4 Gewürznelken
1 Stück Ingwer
$^1/_2$ Zimtstange

Heidelbeeren waschen und gut abtropfen lassen. In geeignete Gläser füllen. Essig, Gewürze und Zucker gemeinsam erhitzen und ca. 10 Min. kochen lassen. Gewürze entfernen und den Sud sofort heiß über die Heidelbeeren gießen. Gläser fest verschließen und kopfüber zum Abkühlen aufstellen.

Prächtige Frischware

Heidelbeersenf gibt es auch im Handel zu kaufen.

Heidelbeerbutter

Zutaten:
50 g Heidelbeerkonfitüre
250 g Butter
50 g Sahnemeerrettich

Die zimmerwarme, gut knetbare Butter cremig rühren. Konfitüre und Meerrettich gut untermischen. Vor dem Servieren ca. 60 Min. in den Kühlschrank stellen.

Tipp: Passt zu Grillfleisch.

Heidelbeersenf

Zutaten:
Heidelbeeren,
körniger scharfer Senf
im Verhältnis 1:1

Heidelbeeren waschen und gut abtropfen lassen, Heidelbeeren zerdrücken und gut mit dem Senf mischen.

Tipp: Passt zu Käse, Eiern, Schinken und zum Verfeinern von Dressing und Soßen.

Hauptgerichte

Süße Gerichte

Dank

Wir möchten uns bei allen, die uns bei den Recherchen zu diesem Buch freundlich unterstützt haben, herzlich bedanken.

Ein besonderes Dankeschön geht an den Spargel- und Erdbeerhof Klaistow für die wohlwollende Unterstützung beim Erstellen der Fotos, an Herrn Dr. agr. Heinz-Günther Marg für manchen fachlichen Rat, ebenso an Herrn Bernd-Uwe Arndt, Pritzwalker Heidelbeeren.

Danke auch an alle Mithelfer und Ideengeber – und an den Demmler Verlag für die hilfreiche und freundliche Unterstützung von der Idee bis zum fertigen Buch.

Evemarie Löser

1949 in Ulrichshalben, unweit von Weimar geboren. Nach dem Schulbesuch Berufsausbildung, dann Meister für Lederverarbeitung. 1973 Umzug nach Schwerin/Meckl.
Von 1980 bis zum Ruhestand 2011 im Sozialwesen tätig. Neben Familie (zwei erwachsene Kinder) und Beruf immer Freude im Umgang mit Menschen, am Kleingarten und an der Verarbeitung der Ernte.
Liebt die Kommunikation in Wort und Schrift und kreatives Gestalten.

Dr. Frank Löser

1944 in Lößnitz bei Freiberg/Sachsen geboren. Nach Schulbesuch Ausbildung zum Gärtner und Besuch der Fachschule für Pflanzenschutz in Halle/Saale 1963–1966. Viele Jahre Mitarbeiter im Pflanzenschutzamt Karl-Marx-Stadt. 1969–1974 Fernstudium zum Dipl.-Agr.-Ing. und anschließend außerplanmäßige Dissertation. Der Autor lebt seit 1984 in Mecklenburg und hat zwei erwachsene Kinder. Ab 1990 bis zum Ruhestand 2010 selbständig im Bereich der Werbeakquise tätig. Seine besonderen Hobbys sind das Entdecken und Erkunden der Natur, der Pflanzen- und Tierwelt.

Im Demmler Verlag sind von ihm bisher die Sagenbände „Thüringer Wald“, „Weimarer Land“ und die „Ostseeküste. Von Wismar bis Warnemünde“ erschienen. Gemeinsam veröffentlichten sie, ebenfalls im Demmler Verlag, „Der Sanddorn“, „Wildfrüchte“, „Zwiebeln“, „Kartoffeln“, „Wildblüten- und Kräutergelees“, „Schlehen & Hagebutten“, „Kürbis“, „Spargel“ und „Aronia“.

In der beliebten Naturpflanzenreihe für Küche und Hausapotheke sind bisher erschienen:
Jeder Band mit zahlreichen Farbfotos zu einem Preis von **8,95 €**

Ursula Schönfeld
Petra Neugebauer
ISBN 978-3-910150-68-3

Evemarie u.Frank Löser
ISBN 978-3-944102-03-0

Krystin Liebert
ISBN 978-3-910150-79-9

Evemarie u.Frank Löser
ISBN 978-3-910150-80-5

Evemarie u.Frank Löser
ISBN 978-3-910150-87-4

Evemarie u.Frank Löser
ISBN 978-3-910150-88-1

Elvira Grudzielski
ISBN 978-3-910150-95-9

Evemarie u.Frank Löser
ISBN 978-3-944102-16-0

Evemarie u.Frank Löser
ISBN 978-3-910150-97-3

Elvira Grudzielski
ISBN 978-3-944102-01-6

Elvira Grudzielski
ISBN 978-3-944102-04-7

Evemarie u.Frank Löser
ISBN 978-3-944102-05-4

Evemarie u.Frank Löser
ISBN 978-3-944102-08-5

Evemarie u.Frank Löser
ISBN 978-3-944102-11-5

Evemarie u.Frank Löser
ISBN 978-3-944102-12-2

Erhältlich in jeder Buchhandlung oder bei
DEMMLER VERLAG GmbH
An der Bäderstraße 7c
18311 Ribnitz-Damgarten
Tel. 03821 / 706397
Fax 03821 / 708876
info@demmlerverlag.de

Bestellannahme
Verlagsauslieferung *grünes herz*®
Tel. 03677 / 46628-10
Fax 03677 / 46628-11
bestellung@gruenes-herz.de